Bildnachweis:
Die Bilder des Textteils: Eva-Maria Schultz-Gerstein
Coverfoto: Eva-Maria Schultz-Gerstein
Kartenicon: © Stepmap GmbH, Berlin
Karte: © Cartomedia, Karlsruhe

Bibliografische Information der Deutschen Bibliothek:
Die Deutsche Bibliothek verzeichnet diese Publikation in der deut-
schen Nationalbibliografie. Detaillierte bibliografische Daten sind im
Internet über http://dnb.ddb.de abrufbar.

© 2010 traveldiary.de Reiseliteratur-Verlag, Hamburg
www.traveldiary.de

Umschlagentwurf und Layout: Jürgen Bold, Jens Freyler
Satz: Jens Freyler
Druck: Livoniaprint

ISBN 978-3-941796-04-1

Eva-Maria Schultz-Gerstein

Erlebnis Antarktis

Kreuzfahrt ins Ewige Eis
Reisebericht und Informationsbuch

Vorwort

Dieses Buch präsentiert vielfältige und wissenswerte Informationen rund um den antarktischen Kontinent verknüpft mit den Erlebnissen einer Entdeckungsreisenden mit dem Kreuzfahrtschiff.

Das Buch folgt dabei dem Verlauf unserer Route, die Sachinformationen sind unmittelbar auf die Eindrücke entlang dieses Weges abgestimmt. Deswegen schreibe ich z.B. nicht eher Grundsätzliches über das Eis, als im Kapitel „Antarctic Sound und Brown Bluff", da ich dort die Vielfalt dieses Wunders vollständig aufnehmen durfte. Und ich erkläre erst im Kapitel „Half Moon Island" die Besonderheiten der Pinguine, der Flora und Fauna, denn dort befindet sich die beeindruckendste Pinguinkolonie der Antarktis.

Persönliche Impressionen und Fotos ergänzen das Sachwissen, sodass ein ausgewogener und lebhafter Reisebericht über die Antarktis vor Ihnen liegt.

Inhalt

Kapitel 1
Die Drake-Passage in Südamerika

Ein Wunsch wird Wirklichkeit

„Wir laben uns jetzt an der unbeschreiblichen Frische der Antarktis, die uns in diesen Regionen durchdringt und wohl die Sehnsucht vieler nach diesen Zonen ist."
(Sir Ernest Shackleton 1922)

Im Jahre 1980 war es mein sehnlichster Wunsch, das ewige Eis in Feuerland kennen zu lernen, nichts ahnend, dass ich es dort nicht finden würde. Meine Freunde sagten nur: „Jetzt spinnt sie völlig!" Sie waren es gewohnt, dass ich ungewöhnliche Länder bereiste, aber nach Feuerland? Damals musste ich den Wunsch begraben. Für mich gab es keine Möglichkeiten, dorthin zu kommen, und ich vergaß den Wunsch.
Mehr als 20 Jahre später weckte ein hinreißender Reisebericht, den ich in einer Zeitschrift las, erneut mein Interesse für Eis. Auch die Kenntnis, mit dem Schiff in die Antarktis fahren zu können, trug dazu bei. Die Lust auf diesen unbekannten Ort wuchs von Tag zu Tag, zumal mir dieser Reisebericht nicht mehr aus dem Kopf ging. Er inspirierte mich, meine eigenen, fantasievollen Vorstellungen in Worte zu fassen und mir wurde klar: Dieses „Ewige Eis" muss ich sehen.

„Einmal einen Eisberg erleben! Auch wenn es in die Antarktis durch die Drake-Passage geht…" So fing der damalige Bericht an.
Schon Sir Francis Drake, im 16. Jahrhundert ein berühmter englischer Admiral und Weltumsegler, musste erfahren, dass die Passage eine gefährliche und unberechenbare Seestraße ist und häufig zu Seekrankheit führt. Nur ein Wasserfahrzeug kann die Menschen zu dem Ziel bringen. So wird das

Kreuzfahrtschiff „Nordnorge" für 14 Tage mein Zuhause.

Es ist soweit. Eine Stimme ertönt aus dem Lautsprecher: „In Front erblicken Sie gleich den ersten Eisberg dieser Reise." Die See ist ruhig, und das Wasser liegt bleiern vor mir. Eine beklemmende Stille und der wolkenverhangene Himmel verstärkt die abweisende, düstere Stimmung. Nur ein schmaler blau und rosa leuchtender Lichtstreifen weckt die Hoffnung auf ein grandioses Naturereignis. Da ist er, und es stockt mir der Atem. In makellosem, strahlendem Weiß erhebt sich majestätisch und zugleich elegant der Berg aus dem dunklen Meer und taucht die düstere, kalte Umgebung in ein phantastisches Licht. Es scheint, als stütze er sich auf eine stahlblau schimmernde, meterhohe Eisfläche, um sich lange am Leben zu erhalten. Die imposanten, steilen, wie von Messern geschliffenen Gletscherwände lassen die unermessliche Dimension dieses Giganten erahnen. Die „Nordnorge", immerhin 100 Meter lang, 25 Meter breit und 8 Stockwerke hoch, erscheint dagegen wie ein unbedeutender Winzling. Unfassbar, dieser Koloss macht nur 30% der Eisinsel aus, 70% schwimmen als unsichtbare Bedrohung jeden Schiffes unter der Wasseroberfläche. Auch driftet er etwa 10 Kilometer täglich, also 7 Meter in der Minute, in wärmere Gewässer ab und schmilzt allmählich. Ein ähnlicher Vorgang wurde damals der „Titanic" zum Verhängnis.

In die Betrachtung versunken, stelle ich mir vor, wie das Gebilde von riesigen Tankern transportiert wird. Diese unerschöpfliche Süßwasserquelle könnte dann den südlichen Ländern der Erde, in denen Tod bringender Wassermangel herrscht, zugute kommen. Genau das wurde mit viel Geld und Tatkraft versucht. Ohne Erfolg. Dieses Wunderwerk der Natur, das als kostbares, reines Wasser viel Leid lindern könnte, ist nicht bereit, sich den Menschen zu beugen.

Die „Nordnorge" erreicht die Antarktische Halbinsel. Von

nun an ist „Außendeck fünf" der Platz, an dem ich den ganzen Tag verweile. Kompetente Referenten halten Vorträge über Pinguine, Robben und Nahrungskette. Es ist aber schwer, sich von dem überwältigenden Anblick loszureißen. Eine Natur von grandioser Schönheit zieht vorbei, und ich erlebe diese wie im Rausch.

Keine Menschen, keine Städte, keine Zivilisation. Nur Eis, Wasser, Licht und Luft. Die Sinne sind hellwach. Ich spüre den kalten Wind und die Sonne auf der Haut. Ich rieche das salzige Wasser des Südpolarmeers, und die Ohren erfassen die Stille der Einsamkeit. Die Augen aber können sich nicht satt sehen an dem gleißenden, weißen Licht des Himmels, den gewaltigen Gletschern, Eisspalten und Inseln und der typisch intensiven blauen Farbe, die sie manchmal annehmen.

Nur wenn die Eiskristalle der Gletscher und Eisberge ohne Einschlüsse sind, kann das Licht, das aus blauen Wellenlängen zusammengesetzt ist, ungehindert durchdringen. Das macht die stahlblaue oder blauviolette Farbe aus.

Atemberaubend ist die Fahrt durch den Antarktischen Sund und das Weddellmeer. Der Himmel erstrahlt in blauem Licht und das Meer liegt wie ein unendlicher, grüner Gletschersee zu meinen Füßen. Die Atmosphäre ist von einer unnahbaren, kühlen Schönheit beherrscht. Tafeleisberge ragen mit betörender Ausstrahlungskraft in den Himmel. Sie werden vom Eisschelf, einer gewaltigen, schwimmenden, glatten Eisfläche, die mit dem Festland verbunden ist, abgesprengt. Andere Eisberge sind vielfältige, der Fantasie keine Grenzen setzenden Kunstwerke, die in ihren typischen Farben leuchten und einen hinreißenden Kontrast zu den schwarzen Basaltfelsen bilden. In der Ferne verschmilzt ein stahlblaues Eisfeld mit dem blauen, unendlichen Horizont. Der Zauber hält mich stundenlang gefangen und prägt sich unauslösch-

lich in das Herz.

Die Fahrt führt durch den spektakulären Lemaire-Kanal, auch „Kodakkanal" genannt. Er ist nur einige hundert Meter breit, 15 Kilometer lang, und eine Herausforderung für jeden Kapitän. Mitten im Kanal schieben sich die schneebedeckten Flanken der 1.000 Meter hohen Berge immer näher an das Schiff heran. Gletscher rahmen das Ufer mit steil abbrechenden Eiswänden ein. Treibeis knirscht und knackt bedrohlich unter dem Bug, und das Schiff schlingert nur langsam durch den abenteuerlichen Seeweg. Nach dem Kanal eröffnet sich für mich eine ganz andere Eiswelt. Die Sonne strahlt vom Himmel und der Blick fällt auf eine zauberhafte Gletscherwelt. Auf großen Eisschollen ruhen sich Robben und Pinguine aus und lassen sich von dem riesigen Schiff nicht stören.

Wieder wird die 800 Kilometer breite Drake-Passage überquert. Pinguine, Robben, Orkas und Albatrosse habe ich auch noch gesehen, und die Augen sind völlig erschöpft.

Noch zwei Mal schließe ich die Augen, um neue Eindrücke vom Kap Hoorn und den chilenischen Fjorden mit Regenwald zu verarbeiten.

Dann endlich! Mein Traum ist Wirklichkeit geworden. Nach langer Zeit stehe ich nun selber auf einem Deck der „Nordnorge", die mich an die Antarktische Halbinsel bringt. Ich warte auf den Ruf des Kapitäns: „Vor uns sehen Sie gleich den ersten Eisberg dieser Reise."

Gestern Nacht - Silvester - hat die „Nordnorge" Ushuaia verlassen. Diese Stadt gilt als die südlichste der Welt und liegt im argentinischen Teil von Feuerland, direkt am Beaglekanal. Gegen Morgen erreicht das Schiff die Drake-Passage. Sie zeigt ihre Gefahren nicht, die See ist ruhig.

Meine Kamera und das Fernglas sind bereit und ich beobachte den leicht bewölkten Himmel. Dort, weit in der Ferne: Mein erster Eisberg. Ich bin aufgeregt. Langsam fährt die „Nordnorge" darauf zu und ich staune. In sanftem Blau ragt ein riesiger Koloss erhaben in den Himmel. So schön und vollkommen, dass es mir den Atem nimmt und ich den Blick nicht von ihm wenden kann. Langsam gleitet die „Nordnorge" darum herum und ich darf das Wunderwerk der Natur lange ansehen. Meine Sinne sind hellwach. Diese Schönheit darf ich nun mehrere Tage genießen.

Werden sich meine Vorstellungen und Wünsche erfüllen, und kann sich mein Herz auch für die anderen Erlebnisse in der Antarktis öffnen?
Ich bin so wissbegierig.

Kapitel 2
Die Henryk Arctowski Forschungsstation

Ehrfurcht für die Arbeit der Wissenschaftler

„Der Anspruch der Wissenschaft, nichts auf unserem Globus unerforscht zu lassen, war die Kraft, die unsere kleine Gruppe ins Land des entlegensten Südens zog." (Otto Nordenskjöld)

Voller Staunen und Begeisterung habe ich gestern meinen ersten Eisberg gesehen und die Aufregung hat sich etwas gelegt. Die „Nordnorge" fährt an King George Island entlang und ich habe nun etwas Zeit, das Schiff zu erkunden. In einem Bereich von 100 Meter Länge, 25 Meter Breite und einer Höhe von 8 Stockwerken befindet sich alles, was für 280 Gäste und die Crew zur Versorgung und zum Vergnügen benötigt wird. Eine technische und logistische Meisterleistung.
An Bord lerne ich Herrn Engelhardt - er ist früher zur See gefahren - kennen. Er wird mir mehr über die Logistik der „Nordnorge" sagen. Ich höre interessiert zu. „Sie müssen das Schiff wie ein schwimmendes Hotel, das sich in allen Bereichen selbst versorgt, betrachten", erklärt er. „Alle notwendigen Vorrichtungen dafür befinden sich im Bauch des Schiffes. In riesigen Gefrierschränken und Kühlräumen lagern die Nahrungsmittel und Getränke; die meisten werden im Heimathafen an Bord gebracht. Das setzt eine präzise Planung und viel Erfahrung voraus. Die Mahlzeiten stellen die Köche auf kleinstem Raum frisch her, sogar das Brot und die Torten backen sie selber."
Natürlich gibt es eine Abwasser- und Müllentsorgung. Der Müll wird zerkleinert, getrocknet und gepresst, damit er nicht so viel Platz einnimmt. Es darf nichts ins Meer abgelei-

tet werden: Die Strafen gegen Verstöße sind sehr hoch.

Weiter erfahre ich von ihm: „Für das Personal ist auf dem Schiff nichts von Seeromantik zu spüren. Die Arbeit ist hart, die Freizeit begrenzt, und sie müssen dort Monate auf kleinstem Raum leben. Sie können sich nach Feierabend nur in einem überschaubaren Freizeitraum aufhalten. Jeder private Kontakt mit den Gästen ist verboten."

Auf meine Frage, was ein Schiff tun kann, wenn es von Piraten angegriffen wird, antwortet Herr Engelhardt mir: „Alle Schiffe sind wehrhaft, er dürfe mir aber nicht sagen, in welcher Weise."

Später, nachdem wir die chilenischen Fjorde erreicht haben, kann ich die Brücke besichtigen. Sie ist die zentrale Schaltstelle des Schiffes und wird nur von Computern gesteuert. Trotzdem steht immer der 1. Offizier mit einem Fernrohr am Fenster und beobachtet den Horizont. Nur so kann er genau feststellen, ob ein Schiff oder ein anderes Hindernis die Wege unseres Schiffes kreuzen. Ein etwa 1,80 Meter großer Mann kann von der Brücke aus mit dem Fernglas nur etwa acht Kilometer weit gucken, da die Welt eine Kugel ist. Wie schnell kann da ein Eisberg übersehen werden. Von der Brücke kann auch sofort erkannt werden, ob vielleicht irgendwo ein Feuer ausgebrochen ist. Jede einzelne Kabine hat ihre eigene Sprinkleranlage, die sofort automatisch in Gang gesetzt wird, wenn es brennt.

Das gesellschaftliche Leben finde ich hier sehr angenehm und ich genieße es. Das Publikum ist international und mir gefällt es, Menschen aus der ganzen Welt kennenzulernen. Es ist doch interessant, zu erfahren, dass die Australier über die Antarktis nach Ushuaia fliegen, um dann mit dem Schiff zurück in die Antarktis zu fahren.

Es ist bekannt, dass auf Kreuzfahrten immer gegessen wird, und auch hier ist es nicht anders. Herrlich, unterhaltend und ohne strenge Kleiderordnung. Die sonst so verbreiteten Ani-

mationen finden hier nicht statt. Eine echte Entdeckungsreise mit einer genüsslichen Erholung. Ein entspannter Lauf auf der „Joggingmeile" trägt wohltuend dazu bei.

Bei meinem Rundgang über die „Nordnorge" gefallen mir besonders die großen Panoramafenster im sechsten Stockwerk und vor dem Speisesaal. Ich sehe mich schon bei klirrender Kälte dort sitzen, um die wunderschöne Eiswelt an mir vorbei ziehen zu lassen, oder die Wale zu beobachten.

Mein Ansinnen aber ist, ständig einen windgeschützten Platz auf „Außendeck fünf" zu finden. Schon bald bin ich dafür bekannt, dort immer die besten Sitzgelegenheiten aufzuspüren und mein Markenzeichen wird ein wärmendes, gelbes Tuch. Ich hoffe, dass Wind oder Kälte mir kaum etwas anhaben werden. Ich habe die richtige Kleidung im Gepäck. Ich will mich an der zu erwartenden Ruhe, der Luft, dem Licht und dem grandiosen Panorama ergötzen, und das kann ich draußen am besten.

Die einzige - angebotene - Unterhaltung sind die sehr fesselnden Vorträge über die Besonderheiten der Antarktis.

Sie werden in günstigen Zeiten wiederholt, sodass keine außergewöhnlichen Ereignisse verpasst werden können. Auch die täglichen „Briefings" am Abend sind mir sehr wichtig, denn dort erfahre ich die vorgesehenen Unternehmungen des nächsten Tages.

Das erste „Briefing" bereitet mich auf den Landgang zu der Henryk Arctowski Forschungsstation vor. Und auf meine erste Fahrt mit dem „Zodiac". Ich fürchte mich davor, aber meine Neugierde ist größer. Mit Gummistiefeln, roter Jacke und einer Rettungsweste ausgestattet, geht es über eine wackelige Treppe in ein noch wackeligeres Schlauchboot.

Die Crew hilft großartig und nimmt mir meine Furcht. Mit beängstigender Geschwindigkeit bringt mich das schwankende „Ungetüm" - ich kann mich mit dem Schlauchboot nicht anfreunden - an einen schmalen Landstrich. Ich bin aufgeregt und bewegt.

Ich betrete zum ersten Mal den Boden der Antarktis.

Das Wahrzeichen dieses Fleckens ist ein frisch gestrichener Leuchtturm, der etwas Farbe in die karge Landschaft bringt. Es ist kein Baum, kein Strauch und keine Blume zu erblicken. Doch dieser Ort strahlt eine unerklärliche Faszination aus und ich bin tief beeindruckt. Ist es die Stille, die Einsamkeit, oder das Licht? Ich weiß es nicht. Ich empfinde nur diese magische Anziehungskraft.

Mein Blick schweift umher. Dieser Landstreifen liegt vor der dunklen, felsigen Bergkette an der Admiralty-Bucht, die von einer gigantischen Gletscherwelt umgeben ist. Die „Nordnorge" wirkt hier wie ein Spielzeug.

Auf dieser kleinen Ebene entdecke ich Baracken, die in warmer, gelber Farbe frisch gestrichen sind. Einige braune Tanks stehen etwas abseits, und eine kleine Wasserpfütze, in der Moose schwach schimmern, ist das einzige Grün, das ich erblicken kann. Zwei steinige Wege, teilweise mit braunen Flechten belegt, durchziehen dieses karge Gebiet.

Entdeckungsreise in die Antarktis

Genau eine Stunde darf ich an Land verweilen. Auch gibt es strenge Verhaltensweise einzuhalten: Nicht auf die Flechten und Moose treten. Fünf Meter Abstand zu den Pinguinen und anderen Tieren halten. Nicht die Grenzen der Pingu-inkolonie und anderer Tieransammlungen überschreiten. Die Fluchtwege der Tiere zum Meer nicht abschneiden. Alle Abfälle wieder mit zum Schiff bringen. Keine Muscheln, Steine und Knochen sammeln.

Vorsichtig laufe ich über den steinigen Weg, um die Moose und Flechten nicht zu zerstören. Ich begebe mich zur Bucht im Süden, die durch einen Felsen abgegrenzt ist. Adeliepin-guine bilden hier eine Kolonie, und See-Elefanten liegen faul in kleinen Gruppen zusammen. Es ist schon imposant, diese Tiere in freier Natur zu erleben; Seeelefanten und Adeliepin-guine vereint in friedfertiger Harmonie. Ich vergesse ganz, dass von diesen Wesen ein ekelhafter, stinkender Geruch ausgeht. Die ästhetische Ausstrahlung dieses Anblickes ist einfach überwältigend.

Meine Begegnung mit der braun gefiederten Raubmöwe, der Skua, ist weniger entspannt. Sie sitzt auf der Treppe einer Baracke der Forscher, zu der ich jetzt eile. Es ist bekannt, dass diese Raubvögel ihr Revier aggressiv verteidigen. Auch menschliche Eindringlinge werden im „Sturzflug" mit Flü-geln und Klauen angegriffen. Ich bekomme wirklich Angst, zumal auch ihr großer Schnabel außerordentlich bedrohlich wirkt. Ich trete den Rückzug an, sehr langsam und ruhig, und warte, bis sie mir den Weg zur Baracke frei macht.

Auf dem Weg dorthin liegen überall riesige Walfischkno-chen herum. Ein Relikt aus der Glanzzeit des Walfischfan-ges, in der hier Tran hergestellt wurde. Die Knochen werden wohl noch Jahrhunderte überdauern, im Gegensatz zu dem „Schilderbaum". Die Schrift der meisten Wegweiser ist schon verblasst. Ganz oben aber leuchtet ein Schild in neuer gelber Farbe: Krakau 12.519 km. Ich stehe vor der polnischen

Henryk Arctowski Forschungsstation.
An derartigen Orten wird also gearbeitet. Das ist wirklich
eine Herausforderung für die Menschen. In den einfachen
Gebäuden und der kargen Umgebung zu leben und zu for-
schen, verlangt schon eine stabile Psyche. Aber wie ist es,
wenn der Winter kommt, es draußen eiskalt ist und kein
natürliches Licht in die Räume dringt? Nur ein „Besessener"
kann wohl diese Aufgabe bewältigen.

Verschiedenartige Forschungsstationen

Die Henryk Arctowski Station gilt als die schönste in der
Antarktis. Sie wurde 1977 eingeweiht und ist nach dem
Polarforscher Henryk Arctowski (1871-1958) benannt.
Er war bei einer belgischen Expedition mit dem Schiff
„Belgica" für die meteorologischen und glaziologischen
Studien verantwortlich. Anfang 1898 wurde das Schiff ein
ganzes Jahr im Eis eingeschlossen; die erste Überwinterung
in der Antarktis. So konnte auch die längste Wetterbeob-
achtung der damaligen Zeit durchgeführt werden. Heute
können auf der „schönsten Station" 20 Menschen überwintern; im Sommer sind sogar bis zu 65 Forscher im Einsatz.
Im Gegensatz zu den anderen hat die Henryk Arctowski
Station reichlich ebene Flächen für Labors und Observa-
torien zur Verfügung. Deswegen kommen viele Ornitholo-
gen und Gastwissenschaftler gerne hierher und nutzen sie
auch als Basis für ihre Expeditionen. Neben dem Wahrzeichen, dem Leuchtturm, gibt es hier einen kleinen Kutter,
der die einzigartige Möglichkeit bietet, die Admiralty-
Bucht meeresbiologisch zu untersuchen. Auch wird dieses
Gefährt dazu benutzt, Kontakt mit den anderen Stationen
in der Nähe zu pflegen. Nicht nur der günstige Standort
macht die Station bei Wissenschaftlern so begehrenswert,

auch der gemütliche Gemeinschaftsraum wird mit Freude besucht. Der helle Raum erzeugt durch die Holzverkleidung eine warme Atmosphäre und die Wände sind mit unzähligen Wimpeln, Bildern und Tafeln von Besuchern vieler Nationen geschmückt. Natürlich darf ein Ölgemälde von Henryk Arctowski nicht fehlen. Den Mittelpunkt des Raumes bildet ein großer Tisch, der alle Besucher zum gastlichen Beisammensein einlädt. Die Wissenschaftler forschen auf den Gebieten der Biologie, Glaziologie, Geophysik, Geologie und Meeresbiologie. Die meisten Begriffe sind allgemein bekannt, aber womit befasst sich die Geophysik? Sie nutzt die Erkenntnisse und Methoden der Physik für die Erforschung der Erde, Ozeane und Atmosphäre. Dazu gehören Untersuchungen des Magnetfeldes, der Erdbeben, der natürlichen radioaktiven Strahlung und der Gezeitenwirkung des Mondes. Sie hat die wichtige Aufgabe, Erdbeben und Vulkanausbrüche vorauszusagen.

Für Deutschland ist die **Neumayer II Station** von besonderem Interesse. Sie liegt im Ekström-Schelf am Weddellmeer, und es wurden zwei Röhren mit Verbindungen zueinander, wenige Zentimeter unter das Eis gelegt. Jährlich wird sie etwa mit 0,75 Meter Eis zugedeckt, sodass sie immer weiter absinkt. So stark ist der Druck des Eises. Die erste Station - sie hieß damals „Georg von Neumayer Station" - lag nach zehn Jahren etwa 7,50 Meter im Eis, und die Außenwände drohten, zerquetscht zu werden. Deswegen wurde sie 1992 aufgegeben. Auch „Neumayer II" wird bald dasselbe Schicksal erleiden; sie ist schon 12 Meter eingesunken. Im Alfred Wegener Institut in Bremerhaven ist die neue Station Neumayer III bereits fertig gestellt, und die Module liegen in der Antarktis zum Aufbau bereit. Diesmal wird die Station auf dem Schelfeis etwas weiter im Inland errichtet, und zwar auf hydraulischen Stelzen. So kann sie jederzeit an die Oberflächensituation des Eisschelfs angepasst werden. Die Forschungsgebiete dieser Station sind vorwiegend die Meteorologie und Geophysik. Die Wissenschaftler beschäftigen sich also mit dem Klima. Hier steht für eine Reichweite von mehreren hundert Kilometern die einzige Wetterwarte. Die Daten, die hier gemessen werden, sind deswegen besonders wertvoll. Sie werden gespeichert oder per Satellit nach Deutschland gesendet.

Eine weitere deutsche Forschungsstation ist die „**Polarstern**": Ein Schiff. Seit 1982 hat sie weit über 30 Expeditionen in der Arktis und Antarktis durchgeführt. Sie wurde eigens für die polare Forschung gebaut und ist gegenwärtig das leistungsstärkste Polarforschungsschiff der Welt. Natürlich ist sie für alle polaren Wissenschaftsgebiete und Arbeiten ausgerüstet; sie verfügt über neun Labore. Kühlräume und Aquarien ermöglichen den Transport von vielfältigen Proben und lebendigen Meerestieren. Spezielle Vermessungslote können auf bis zu 1.000 Meter Tiefe gebracht werden und bis 150 Meter in den Meeresboden eindringen. Die dort erfassten Daten werden sofort in einem Rechner gespeichert. 50 Wissenschaftler und Techniker finden hier ein ideales Feld für ihre Arbeiten und sie werden von einer Crew mit 44 Menschen unterstützt. Die „Polarstern" kann aber noch mehr. Sie ist ein doppelwandiger Eisbrecher und arbeitet noch bei einer Außentemperatur von bis zu -50 °C einwandfrei. Sie kann Packeis von 1,5 Metern mit fünf Knoten durchfahren. Dickeres Packeis wird durch Rammen gebrochen und dann durchquert. Zu guter Letzt kann die „Polarstern" unter derartigen Bedingungen auch überwintern. Was für ein Wunderwerk der Technik.

Die amerikanische **McMurdo Station** - sie liegt auf der

australischen Seite der Antarktis am Rossmeer - ist durch ihren Hafen besonders wichtig. Sie bildet die logistische Grundlage der meisten Aktivitäten auf diesem Erdteil.

Die spektakulärste Station aber ist die amerikanische **Amundsen-Scott Station**. Sie liegt direkt am Südpol auf einer Höhe von 2.835 Meter. Auch war ihre riesige „Traglufthalle" berühmt. Diese Kuppel hatte einen Durchmesser von 50 Metern und eine Höhe von 16 Metern. In dieser Kuppel lagen die Gebäude der Station. Seit 2006 gibt es dort eine neue Station, die auf Stelzen steht.

Die Menschen, die für die Arbeit in den Stationen benötigt werden, sind die einzigen, die auf diesem Kontinent leben. Es gibt etwa 82 Stationen, davon die meisten auf der Antarktischen Halbinsel. Sie werden von den unterschiedlichsten Nationen betrieben. Das Territorium der Antarktis gehört völkerrechtlich zu keiner Nation und der Antarktisvertrag sorgt dafür, dass es bis 2041 auch so bleibt. Aber die Nationen stecken schon ihre Gebiete ab, denn unter dem Eispanzer liegen Unmengen wertvoller Rohstoffe. Bis dahin können die Forscher in Ruhe ihre Arbeit tun. 37 Stationen sind ganzjährig in Betrieb, der Rest nur im Sommer.

Ganz spannend ist auch die Frage: Wie werden diese Forschungsstationen am „Ewigen Eis" mit allen Gütern, die für das Leben und die Wissenschaft benötigen werden, versorgt? Für Neumayer II kommt da wieder die „Polarstern" ins Spiel. Sie ist auch ein Versorgungsschiff. Alle Stationen werden im Sommer versorgt und da ist eine andere Meisterleistung gefordert: **Die Logistik**. An jede Kleinigkeit muss gedacht werden; von der Seife bis zum Salz. Die „Polarstern" bringt alle Güter in den Hafen der Atkabucht am Weddellmeer. Fahrzeuge der „Neumayer II" holen die Waren dort ab. Außerdem verfügt jede Station über alle Einrichtungen, die für ihre eigenständige Versorgung notwendig sind; etwa wie auf dem Schiff. Die Chance, im Winter etwas dorthin zu bringen - nur auf der Antarktischen Halbinsel gibt es manchmal günstige Zeitpunkte - ist ausgeschlossen. Extreme Wetterbedingungen, wie Blizzards mit bis zu 250 km/h oder Kälte bis - 50 °C lassen auch Flüge nicht zu. Neun Monate im Jahr sind die Menschen von der Außenwelt abgeschnitten; es besteht ausschließlich Funkverkehr. Wie gut, dass es dann einen Koch und einen Arzt gibt, die sich um das leibliche Wohl kümmern. Auch wurde vor einigen Jahren eine reichhaltige Bibliothek gespendet; eine schöne Abwechslung für die Freizeit.

Bevor die Forscher ihre Arbeit in der Antarktis aufnehmen können, müssen sie dort ein **Überlebenstraining** von 48 Stunden absolvieren. Ebenso müssen sie eine Prüfung über die strengen Regeln, die für den Aufenthalt in der Antarktis verfasst wurden, meistern. Da die Klimaverhältnisse durch starke Winde und extreme Kälte geprägt sind, zielt das Training darauf hin, optimal mit diesen Witterungen umzugehen. Die Teilnehmer lernen im Trainingscamp, wie sie dort ein Zelt aufbauen, einen Unterstand ins Eis hauen, sich erfolgreich gegen den Wind schützen, und sich ausreichend ernähren müssen. Das Wichtigste aber ist, ein Gespür dafür zu bekommen, wann die Kälte beginnt, den Körper zu belasten, weil es dann dringend notwendig ist, sich unverzüglich zu bewegen. Die Gefahr, dass sich unerwartet schnell Erfrierungen einstellen, ist lebensbedrohlich. Auch wird dort gelernt, eine Notfallausrüstung zusammenzustellen. Neben Spaten, Wärmefolien, Zelt oder Eispickel dürfen Kerzen, Streichhölzer, warmer Tee, Astronautennahrung - es werden in der Kälte 10.000 kcal.

täglich benötigt - und ein Kocher mit speziellem Windschutz nicht fehlen. Dieser Windschutz ist wichtig, denn im Zelt kann der Schnee nicht zu Wasser geschmolzen werden. Der Wasserdampf gefriert an den Innenwänden des Zeltes sofort zu Eiskristallen, die bei jeder Bewegung der Wände wie „Geschosse" umher fliegen.

Für die Eigenschaft der **Kleidung** sind ebenfalls die Witterungsbedingungen das Maß aller Dinge. Thermo-Unterwäsche kann die gleiche sein, wie z.B. beim Wintersport. Die Oberbekleidung bedarf aber spezieller Kriterien. Sie muss den Wind abhalten, der Kälte standhalten und wasserdicht sein. Die Menschen müssen sich auch noch darin bewegen können, und im konturlosen Schnee sichtbar sein. Die Farbe der Wahl ist deshalb meistens rot. Anoraks und Hosen werden aus mehreren Schalen übereinander gelegter Stoffe hergestellt; die letzte Schale muss wind- und wasserabweisend sein. Auch die Schuhe bestehen aus mehreren Schalen, eine davon aus wärmendem Filz. Sie sind sehr sperrig und es bedarf einiger Übung, sich damit zu bewegen. Die Handschuhe sind innen aus Baumwollstoff, darüber liegt Leder. Die oberste Schicht besteht aus Naturfellen. Eine sehr gute Brille ist ebenfalls unerlässlich; der Schnee blendet so stark, dass das Augenlicht gefährdet ist.

Noch immer stehe ich auf dem Flecken um die Henryk Arctowski Station und sehe, dass die Raubmöwe die Treppe verlassen hat. Sofort eile ich in die Baracke, und ziehe meine Schuhe aus. Nur so darf ich in den legendären Gastraum. Beim Betreten des Raumes fällt mir auch hier zuerst die wohltuende Ruhe auf; ich höre keine Geräusche aus dem Radio und Fernseher. Der Raum ist viel kleiner als ich ihn mir vorgestellt habe. Aber gerade dadurch wirkt er besonders heimelig, zumal noch eine wohlige Wärme herrscht.

Die bunten Wimpel, Bilder und Tafeln vieler Nationen und das Ölgemälde von Henryk Arctowski schmücken wirklich den kleinen Raum, der mit Holz ausgekleidet ist. An dem „berühmten" Tisch sitzen Männer, die Karten spielen. Sie lassen sich von meiner Anwesenheit nicht stören. Ich kann mir gut vorstellen, wie in dieser gemütlichen Atmosphäre ein konstruktiver, wissenschaftlicher Meinungsaustausch stattfindet, oder einfach nur die Gesellschaft anderer Menschen genossen wird. Hier gibt es kaum Ablenkung, die die Arbeit erschwert. Die Wissenschaftler können sich auf ihr spezielles Forschungsgebiet voll konzentrieren.

Ich fange zum ersten Mal in meinem Leben an, mich mit Forschung zu beschäftigen, und denke an einen Vortrag, der mir Kenntnisse über die Grundlagen der Forschungsgebiete in der Antarktis vermittelte.

Diese Wissenschaftler beschäftigen sich überwiegend mit den Veränderungen der Meeresströmungen, der Atmosphäre, und des Eises. Um zu verstehen, woran die Forscher hier arbeiten, muss man sich einige Fakten vor Augen halten.

Antarktische Meeresströmungen

Das Klima wird entscheidend von den Meeresströmungen beeinflusst. Sie werden an verschiedenen Stellen der Erde von den Winden in Bewegung gehalten, indem diese sich an der Meeresoberfläche reiben. So entstehen Zirkulationssysteme, die für den globalen Temperaturaustausch von großer Bedeutung sind.

Die Antarktis ist die „Klimamaschine" der Welt, und das

hängt mit einem dort erzeugten Strömungsmuster zusammen, das im Wesentlichen aus drei verschiedenen Strömen besteht. Das funktioniert so: Im Verlauf des Polarwinters bildet sich im Küstenbereich eine etwa 20.000 km³ große Eismasse und lässt darunter ein sehr kaltes, salzhaltiges und damit schweres Wasser entstehen: Das „**Antarktische Bodenwasser**". Dieses fließt an dem Kontinentalhang herunter in etwa 5.000 Meter Tiefe und nach Norden. Es füllt das Tiefseebecken, fließt weiter und kann im Atlantik und sogar am Äquator nachgewiesen werden. Es ist die kälteste und dichteste Wassermasse der Welt. Der zweite Strom ist das „**Antarktische Oberflächenwasser**". Es ist eng verknüpft mit dem Abtauen des Eisgürtels und enthält zum größten Teil Schmelzwasser. Da der Salzgehalt gering ist und die Temperatur um den Gefrierpunkt liegt, ist es nicht so schwer. Es liegt in einer 150-250 Meter dicken Schicht unter der Meeresoberfläche, und fließt ebenfalls aus der Antarktis nach Norden. Zusätzlich ist es einem sehr starken Westwind ausgesetzt und wird weit nach Osten getrieben. Etwa am 50. Grad südlicher Breite trifft es an der „**Antarktischen Konvergenz**" auf das von Norden kommende drei bis vier Grad warme „**Subarktische Oberflächenwasser**". Da das „Antarktische Oberflächenwasser" schwerer ist als dieses, schiebt es sich dort durch seine nordwärts gerichtete Bewegung darunter.

Nun fließen zwei kalte antarktische Ströme nach Norden: Einer in 5.000 Meter Tiefe, einer in 150-250 Meter Tiefe. Was aber schwimmt dazwischen?

Da kommt die dritte und längste Strömung der Welt ins Spiel: Das „**Zirkumpolare Tiefenwasser**". Es fließt von den umgebenden Ozeanen, vor allen Dingen aus dem sehr weit entfernten Nordatlantik auf die Antarktis zu und schiebt sich in mehreren Schichten dazwischen. Der Grund: Durch den höheren Salzgehalt ist es schwerer als das „Antarktische Oberflächenwasser", durch die höhere Temperatur leichter als das „Antarktische Bodenwasser". Bei Annäherung an den Kontinent wird das „Zirkumpolare Tiefenwasser" von dem absinkenden „Antarktischen Bodenwasser" nach oben gedrückt. Dort bildet sich eine starke Auftriebszone, von der aus die Wassermassen auseinander strömen. Das ist die „Antarktische Divergenz", und sie ist besonders bedeutend, da dort sehr nährstoffreiches Wasser an die Oberfläche gespült wird. Die Grundlage für eine hohe Produktion von Phytoplankton. Mit diesem Plankton beginnt eine einzigartige Nahrungskette, die einer faszinierenden, maritimen Tierwelt hervorragende Lebensmöglichkeiten bietet.

Andere wichtige Strömungen

Für Europa ist der „Golfstrom" von großer Bedeutung. Er ist die „Wärmeheizung" unseres Kontinents. Eigentlich fließt er vom afrikanischen Äquator vor die Ostküste Amerikas und an der Nordwestküste Afrikas - abgekühlt - zurück. Nur der Ausläufer „Nordatlantischer Strom" führt weiter in den Norden bis nach Norwegen und an die Südküste Islands. Diese warme Strömung erzeugt ein gemäßigtes Klima in der europäischen Region. Wieso aber ist es in Norwegen warm und nicht in Grönland, wenn beide Länder auf demselben Breitengrad liegen? An der Ostküste Grönlands fließt parallel zum „Nordatlantik Strom" der „Ostgrönland Strom" von Norden nach Süden. Er bringt kalte Luft dorthin. Ebenfalls von Norden nach Süden strömt an der Westküste der „Labrador Strom" und bringt seine Kälte bis nach Neufundland an der Ostküste Kanadas.

Was geschieht nun, wenn das Eis auf Grönland wirklich abschmilzt? Hat dieses Ereignis Einfluss auf die Meeresströmungen, und was ist dann zu tun? Die Arbeit der Forscher ist es, überall Daten zu sammeln, und bei starken Abweichungen im Gleichgewicht der Natur Fragen über Auswirkungen auf das Klima zu beantworten. Und nach Lösungen zu suchen. Fragen, die heute alle Menschen beschäftigen.

Ich erinnere mich wieder, mit welchen Worten uns der Kapitän aufmerksam machte, als die „Nordnorge" an die Linie der „Antarktischen Konvergenz" kam, um sie zu überqueren: „Die Nordnorge macht gleich einen kleinen Hüpfer." Ich habe den Hüpfer nicht bemerkt...
In meinem Kopf schwirren die Namen von Strömen und es gibt noch mehr, Humboldtstrom, Benguelastrom...
Doch ich erkenne schnell die schlichte, aber komplexe Logik. Alle Ströme beeinflussen sich gegenseitig und bilden zusammen ein System, das jegliches Leben - Menschen, Tiere, Pflanzen, Bakterien - ermöglicht. Kleinste Veränderungen haben ungeahnte und unbekannte Auswirkungen auf das Leben, und genau diese Veränderungen sind immer wieder Grundlage für die Forschung. Sie wird also nie aufhören.
Hier, in dieser Einsamkeit der Admiralty-Bucht, begreife ich, wie spannend es ist, in das elementare Wissen über unsere Erde einzutauchen, und ich bin wirklich fasziniert.
Ich bin nun Stammgast der informativen Vorträge, ohne meine Anwesenheit auf „Außendeck fünf" zu vernachlässigen. Ich will noch mehr wissen, z.B. über das Ozon und die Treibhausgase.

Atmosphären und Treibhausgase

Auch die Atmosphäre, eine erdumspannende gasförmige Hülle, ist für die Forschung von großem Interesse. Die Wissenschaftler wissen schon viel von der Funktion dieser Lufthülle. Es scheint so, dass bestimmte Gase mit dafür verantwortlich sind, dass die Erwärmung auf der Erde schnell zunimmt. Viele Wissenschaftler bemühen sich deswegen, den Laien anschaulich zu erklären, was es mit diesen Gasen auf sich hat, und um welche Gase es sich handelt. Inzwischen kennt jeder die Treibhausgase Kohlendioxid – CO_2 -, Methangas und Lachgas. Auch FCKW ist nicht unbekannt. Es geht um die Ozonschicht in der Stratosphäre. Und es geht um die Sonne.

Die **Stratosphäre** in der Antarktis erstreckt sich bis zu einer Höhe von 12-50 km und enthält 90% des atmosphärischen Ozons, das eine lebenswichtige Funktion hat. Das energiereiche, kurzwellige ultraviolette Licht - UV-Licht - der Sonne wird vom Ozon herausgefiltert und in Infrarot Licht - Wärme - umgewandelt. Die Erde wird also vor der UV-Strahlung geschützt, und es ist natürlich, dass Ozon sich aufbaut und wieder abbaut. 1987 wurde aber über der Antarktis ein riesiges „Ozonloch" entdeckt. Was war geschehen?

In der Antarktis bilden sich im September sogenannte „polare stratosphärische Wolken", die gemeinsam mit der einsetzenden Sonneneinstrahlung die chemische Reaktion des Ozonabbaus in Gang setzen und verstärken. Wegen fehlender Sonneneinstrahlung im Winter, von Mai bis Ende August, kühlt die Luft über dem Erdteil stark ab. Dadurch bildet sich in der Stratosphäre um die Antarktis ein extrem starker Windwirbel, der ozonreiche Luft aus den Gebieten von Südamerika und Australien heran führt. Der zuvor entstandene Ozonmangel wird auf diese Weise immer wieder behoben. Erst 1987 entdeckten die Forscher über der Station Georg von Neumayer einen extremen Ozonabbau, das „Ozonloch". Es war größer als Europa und blieb mehrere Monate bestehen. Die Größe weckte die Aufmerksamkeit für dieses Phänomen. Irgendetwas hat die chemischen Abläufe in der Stratosphäre durcheinander gebracht.

Schon 1974 haben die amerikanischen Forscher Molina und Rowlands vor diesen Irritationen gewarnt. Für den erhöhten Abbau der Ozonschicht ist der Fluorchlorkohlen-wasserstoff – FCKW - verantwortlich und dieses Gas wird von Menschen erzeugt. Es ist als Treibgas in Spraydosen und Schaumstoffen bekannt. Lösungsstoffe in Lacken und Reinigungsmitteln enthalten es ebenfalls. Am gefährlich-sten aber ist die Mischung von Chlor im FCKW und Brom, die zusammen in Feuerlöschanlagen vorhanden sind, und zu einem sehr hohen Ozonabbau beiträgt.

FCKW ist ein chemisch stabiles Gas und hat in der Atmo-sphäre eine Verweildauer von 44 bis 180 Jahren. Es nimmt das Ozon auf und wird erst von den Strahlen der Sonne zersetzt. Die starken Windwirbel aus der Antarktis brin-gen nun keine ozonreiche Luft in die Stratosphäre: Das „Große Schaufelrad" vom Auf- und Abbau des Gases Ozon funktioniert nicht mehr. So bleibt das „Ozonloch" meh-rere Monate bestehen. Natürlich wurde das Ozon in der Stratosphäre gemessen. Die Daten waren eindeutig: Über der „Georg von Neumayer Station" war die Ozonschicht im Zeitraum von Mai bis August innerhalb von 14 Tagen um 40% reduziert, in der Höhe von 17 Kilometern sogar um 70%. Ein erschreckendes Ergebnis. Die UV Strahlen der Sonne gelangen ungehindert auf die Erde, da das mangelnde Ozon sie nicht mehr in Infrarotstrahlen, also Wärme, umwandeln kann. Mit erheblichen Konsequenzen für alle Lebewesen:

1. Der Hautkrebs und der „Graue Star" nehmen zu.
2. Das Immunsystem wird geschwächt.
3. Die Forscher sind sich einig, dass die Photosynthese der Pflanzen beeinträchtigt wird. Das Wachstum wird langsamer, und die Ernteerträge sinken.
4. Im Meer werden Phytoplankton, Fischeier und Larven geschädigt; mit Folgen für die Nahrungskette.
5. Die Algen im Meer werden weniger Sauerstoff produzieren können, und weniger Treibhausgase wie Kohlendioxid speichern.

Diese langlebigen Treibhausgase Kohlendioxid, Methangas und Lachgas sind in der Natur in ausgewogenen Mengen vorhanden. Seit der Industrialisierung steigen sie aber systematisch an. Die Folge: Die Erwärmung der Erde nimmt in Besorgnis erregender Geschwindigkeit zu. Ein guter Grund, sich mit diesen Gasen zu beschäftigen.

CO_2 ist ein farbloses und geruchloses Treibhausgas und wird auf natürliche Weise über die Atmung abgegeben. Umgekehrt sind Pflanzen in der Lage, CO_2 durch „Fixierung" in Biomasse umzuwandeln, indem sie bei der Photosynthese aus dem anorganischen CO_2 Glucose produzieren. CO_2 entsteht in großen Mengen bei der Energiegewinnung durch fossile Energieträger wie Erdöl, Erdgas und Kohle. Bei Benutzung von Trockeneis, Dünger, Reinigungsmitteln zur Entfettung von Textilien und Benzin wird es ebenso freigesetzt. Die Produktion von CO_2 beträgt weltweit etwa 36 Mrd. Tonnen im Jahr. Soviel können die Pflanzen nicht „fixieren".

Methangas, auch Sumpfgas genannt, gehört ebenfalls zu den farblosen und geruchlosen Treibhausgasen und das Erwärmungspotenzial ist 25 Mal höher als das von CO_2. Mehrere Faktoren sind für die ständige Neubildung verantwortlich. Dazu gehört z.b. das Hausrind - es stößt täglich 150-250 Liter des Gases aus - und die Nassreisfelder. Neue Erkenntnisse zeigen, dass Pflanzen ständig Methangas produzieren und in die Atmosphäre abgeben. Dort hat ein Molekül eine Verweildauer von 12 Jahren. Methangas entsteht auch in tieferen Erdschichten bei hohen Temperaturen und hohem Druck und wird durch Vulkanausbrüche in die Atmosphäre abgegeben.

Distickstoffmonoxid ist ein farbloses, leicht süßlich riechendes Gas und nicht brennbar. Es ist unter dem Namen **Lachgas** bekannt. Der Name kommt daher: Durch das Einatmen des Gases können am Zwerchfell Krämpfe entstehen, die ein Geräusch erzeugen, das von Außenstehenden als Lachen interpretiert wird. Lachgas wird nicht nur vom Menschen in die Atmosphäre abgegeben. Auch durch intensive Düngung in der Landwirtschaft wird Lachgas freigesetzt. Eine erhebliche Zunahme der Lachgasproduktion entsteht auch bei Kraftfahrzeugen mit Dreiwegekatalysatoren. Die Emission dieses Gases hat sich seit der Industrialisierung um 10% erhöht.

Was also kann getan werden? Die Wissenschaft macht immer intensiver deutlich, was zum Klimawandel beiträgt. Jeder Einzelne kann mithelfen, die bedrohliche Erwärmung einzudämmen: Klug mit dem vermittelten Wissen umgehen und sinnvoll Energie einsparen. Wissenschaftliche Ansätze für neue Energiequellen und deren Gewinnung werden intensiv und vielseitig vorangetrieben. Auch gibt es Forschungen darüber, ob es Möglichkeiten gibt,

Treibhausgase gezielt zu „fixieren", wie es Pflanzen mit dem CO_2 tun können.

Obwohl ich tief in Gedanken versunken bin, vergesse ich nicht, dass ich immer noch den grandiosen Blick der Gletscher vor mir habe, und lasse meinen Blick umherschweifen. In diesem Augenblick watscheln stolz vier Adeliepinguine auf mich zu, und es ist für mich unmöglich, den Abstand von 5 Metern einzuhalten. Ich will diese Vögel nicht aufschrecken und wage kaum, die Kamera hoch zu heben, um sie zu fotografieren. Natürlich fotografiere ich sie doch, und diese putzigen Tiere sind von meiner Vorsicht völlig unbeeindruckt. Im Gegenteil, sie posieren vor der Kamera wie kleine Diven. Was für ein Schauspiel. Ich kann den Blick nicht von ihnen wenden. Doch sie watscheln unbekümmert an mir vorbei.
Es fällt mir immer leichter, mich mit ungewohnten Dingen zu beschäftigen, und jetzt denke ich z.B. über Eisbohrkerne nach, die anhand von Untersuchungen an der Struktur dieser Kerne detaillierte Auskunft über die vergangenen Entwicklungen in der Antarktis geben sollen.

Verschiedene Untersuchungen der Eisschichten

Nicht immer sah die Welt so aus wie heute, und die Antarktis war nicht immer mit einem Eispanzer bedeckt. Die Forscher hoffen, aus dem Eis mehr Erkenntnisse gewinnen zu können. Die heutigen atmosphärischen und ozeanischen Zirkulationsmuster, sowie die Veränderungen im Laufe der Erdgeschichte, werden maßgeblich vom Eisschild der Antarktis gesteuert. Schmölze die Arktis ab, erhöhte sich der Meeresspiegel um sieben Meter. Schmölze die Antarktis aber ab, dann um unbegreifliche 70 Meter.
Es ist also für die Menschheit immens wichtig, die Rekon-

struktion des antarktischen **Eisschildes** zu erforschen, wenn es darum geht, zukünftige Entwicklungen vorher zu sagen. Deshalb werden mit viel Aufwand und Technik in verschiedenen Gebieten der Antarktis Eisbohrkerne entnommen. Bei der Eiskernbohrung steht die Gewinnung einer Probe aus dem Eisschild im Vordergrund. Kein Rohstoff für die Industrie, sondern ein Rohstoff für die Wissenschaft. Die Probeentnahmen finden in schwer zugänglichen Gebieten statt, sodass nur mit leichten Bohrern gearbeitet wird. Wenn die Forscher z.B. mit der „Polarstern" unterwegs sind, werden sie auf einer Eisscholle abgesetzt und nach getaner Arbeit wieder abgeholt, wenn das Schiff nicht lange stoppen kann, oder will. Es wird ein zylinderförmiger Kern aus dem Eis geschnitten, sofort zersägt, in Plastikdosen verpackt und in die Kühlräume gelegt. So kann die Probe in unverändertem Zustand analysiert werden.

Was machen die Forscher nun mit dieser kostbaren Ware?

Die Eisbohrkerne bieten die besten Voraussetzungen für die Interpretation von Eiskernzeiten und detaillierte Datierungen des Kerns. Das heißt: Die Zeitzuordnung zu einem bestimmten Tiefenniveau. Das Eis verformt sich aufgrund seines Eigengewichts und fließt in die Tiefe und gleichzeitig in seitliche Richtung. Mit den gewonnenen Daten über die Eisstruktur kann das Alter des Eises in einer bestimmten Tiefe berechnet werden. Auch kann man die elektrische Leitfähigkeit des Eiskerns bestimmen. Sie zeigt Schwankungen, etwa bei großen Vulkanausbrüchen, auf. Die Spurenstoffe vulkanischen Ursprungs enthalten einen hohen Anteil von Säuren, die Protonen - positiv geladene, schwere Elementarteile - in das Eis bringen. Es wird also anhand der Protonen in den Eisschichten festgestellt, wann in der Vergangenheit Vulkanausbrüche stattgefunden haben.

Im Eis eingeschlossene Sedimente können ebenfalls Auskunft über die Vergangenheit geben. Für das deutsche „Cape-Roberts Bohrprojekt" wurden von 1997 bis 2001 im McMurdo Sund Eisbohrkerne entnommen. Das Ziel ist die Erforschung der Vereisungsgeschichte der Antarktis anhand von Sedimenten. Sie können die Veränderungen mehrerer Millionen Jahre abbilden. Fähnchen markieren die Positionen der Proben, die dann weiter zur sedimentologischen Bearbeitung an das Institut für Geophysik und Geologie nach Leipzig gesandt wurden. Noch heute werden diese Bohrungsproben ausgewertet.

Etwas kann aber schon gesagt werden. Die Sedimente dokumentieren die Geschichte vulkanischer Aktivitäten in diesem Gebiet, die bis 25 Millionen Jahre zurück reichen. Auch dokumentieren die Sedimente mit ihren organischen Inhalten die Wechsel von einem kühl temperierten zu einem subpolaren, und schließlich einem polaren Klima. Eis war damals schon vorhanden und unterlag zahlreichen und starken Schwankungen. Nachdem die Vereisung des Kontinents stattgefunden hatte, zog sich das Eis nicht mehr vollständig aus der Antarktis oder von den Küstenbereichen zurück.

Interessante Erkenntnisse sind durch die Wissenschaft in der Antarktis gewonnen worden. Was werden die Forscher noch wissen, wenn alle Daten ausgewertet sind? Können sie anhand ihrer Berechnungen eine neue Klimaveränderung voraussagen? Oder werden Ereignisse stattfinden, die Erstaunen hervorrufen? Das Auftreten des „Ozonlochs" 1987 über der Antarktis war für die Forscher ein derartiges überraschendes Geschehen.

Voller Ehrfurcht vor den Tätigkeiten der Wissenschaftler schaue ich noch einmal auf deren Wirkungsstätte zurück. Dann eile ich zum „Ungetüm". Meine Stunde ist vorbei. Verblüfft bleibe ich ein weiteres Mal kurz stehen. Am Felsen, auf dem der Leuchtturm steht, erblicke ich wahrhaftig einen Kiosk mit Postkarten, Stoffpinguinen und anderem Touristenkitsch. Kurios.

Eine kleine Treppe am „Ungetüm" erleichtert mir den Einstieg und mit schnellem „Wellenritt" geht es zurück auf die „Nordnorge". Bis alle Passagiere wieder an Bord sind, wird noch einige Zeit vergehen und ich begebe mich an meinen Platz auf „Außendeck fünf". Ich genieße bei angenehmen Temperaturen von +6°C und Windstärke 4 - die Daten werden jeden Tag durch den Lautsprecher bekannt gegeben - weiter das grandiose Panorama der Gletscher in der Admiralty-Bucht.

Vor wenigen Tagen habe ich die Welt der Hektik und des Lärms verlassen und stelle fest: Ich vermisse gar nichts. Spätestens seit dem heutigen Tag bin ich bereit, mich auf das Abenteuer Wildnis und Einsamkeit einzulassen. Neugierig und unbefangen erwarte ich jeden neuen Tag.

Das „Briefing" mit dem Expeditionsleiter Dr. Hoffmann findet immer vor dem Abendessen statt. Er gibt die Landgänge des nächsten Tages bekannt. Morgen kann ich am Neko-Harbour eine Pinguinkolonie besuchen und auf Deception Island gibt es ein Erlebnis der besonderen Art...

Ob es dort auch einen Kiosk gibt?

Kapitel 3
Deception Island und Neko-Harbour

Gedanken, Geographie und Klima

„Ich hatte das Gefühl, als wäre ich auf einem anderen Planeten oder in ein anderes Zeitalter geraten, von dem der Mensch kein Wissen, an das er keine Erinnerung hat." (Richard Evelyn Byrd, amerikanischer Polarforscher)

Die „Nordnorge" gleitet durch die Bransfieldstraße. Die Nacht ist hell, und wird nur von einer kurzen Dämmerung unterbrochen. Trotzdem schlafe ich gut und reichlich. Ich benötige meine ganze Energie, um die Ereignisse des neuen Tages genießen zu können. Falls in der Nacht von der Brücke aus Wale gesichtet werden, ertönt sofort der Ton des Lautsprechers, der mich dann weckt. Ich verpasse also nichts. Das wäre sehr schade, denn diese Tiere begleiten keineswegs ständig das Schiff.

Morgens erreicht die „Nordnorge" Deception Island, das Ziel für den nächsten Landgang. Diese Insel ist ein versunkener Vulkan mit einem der größten Kraterseen der Welt, und wir können mit dem Schiff hineinfahren. Die kleine Öffnung in die Caldera, „Neptuns-Blasebalg", kann ich schon durch mein Fernglas erblicken.

Vorher aber bin ich gefesselt von einem überaus ergötzlichen Schauspiel. Hunderte Pinguine springen, wie kleine Delfine, lustig im Wasser des Meeres oder gleiten elegant hindurch. Ein wahrhaft bezaubernder Anblick.

Die „Nordnorge" schiebt sich vorsichtig durch „Neptuns-Blasebalg", und die Fähigkeit des Kapitäns ist nun besonders gefragt: Dieser Eingang ist nur 230 Meter breit. Das Wrack britischer Walfänger, die „Southern Hunter" liegt dort noch auf Grund und ist Zeugnis der Gefahr dieser Enge. 1957

Kathedralfelsen vor Deception Island

sank das Schiff, als es einem argentinischen Marineschiff aus-
weichen wollte.

Ich verlasse mich auf das Geschick des Kapitäns und bewun-
dere die schwarzen, steil aufragenden Basaltfelsen neben der
Öffnung. Sie bilden einen hinreißenden Kontrast zu dem tür-
kisgrünen Wasser. Besonders der allein stehende „Kathedralfelsen" ragt majestätisch in den Himmel empor.

Das Schiff erreicht den Kratersee und schwenkt nach Norden in
die Whalers Bay. Nun sehe ich, wieso dieser Ort etwas Besonderes in der Antarktis ist. Die Walfischstation, unser Ziel, ist
kaum zu sehen. Wie eine Nebelwand steigt Wasserdampf in
den Himmel. Auch ahne ich jetzt, warum ich einen Badeanzug auf den Landgang mitnehmen soll. Die Eigentümlichkeit
dieses Ortes ist das heiße Wasser, das die Strände umspült.

Nichts kann mich davon abhalten, an dem schwarzen Strand
in einer heißen Quelle zu baden; bei einer Außentemperatur
von +5°C.

Ich hebe mir den Rundblick über die Bucht für später auf.

Die Helfer, die mich mit dem „Ungetüm" an den Strand bringen, nehmen einen Spaten mit und graben Löcher in den

*Lavasand. So groß, dass wir bequem in dem heißen Wasser
liegen können. Ich genieße das seltsame Bad in vollen Zügen.
Meine Gedanken schweifen in die geographische Vergangenheit dieses Kontinents. Wie ist es möglich, dass es hier, auf dem
kältesten Erdteil der Welt, heißes Wasser gibt?*

Chronik über die Suche nach dem Kontinent

Im Süden des 60. Breitengrades liegt ein riesiger weißer
Kontinent: Die Antarktis. Sie ist geographisch einzigartig.
Sie ist der kälteste, trockenste, höchstgelegenste und unwirt-
schaftlichste Erdteil der Welt. Schon in der Antike zeigten
die Geographen großes Interesse an diesem unbekannten
Land. So vermutete **Claudius Ptolemäus** (87-150 n. Chr.),
dass im Süden der Erde eine gigantische Landmasse vorhanden sei, die er in seinem Werk „Geographike Hyphegis"
kennzeichnete. Er nannte sie „**Terra Australis incognita**",
da niemand bisher dieses Land gesehen hatte. Bis zum Mittelalter haben deswegen die Kartographen in ihren Welt-
karten einen fiktiven Kontinent eingezeichnet, der sich bis
zum Südpol erstreckte. 1520 glaubte **Fernao de Magalhaes
(Magellan)** bei der Durchquerung der nach ihm benann-
ten Magellanstraße an der Spitze Südamerikas, den fremden
Kontinent gefunden zu haben. **Francis Drake** spürte 1577
mehrere Inseln auf, und erreichte schließlich Kap Hoorn.
Aber auch er sah nur die riesigen Weiten des Ozeans. 1642
umsegelte **Abel Tasman** Australien und erkannte, dass die
Insel sich nicht bis zum Südpol erstreckte. Erst **James Cook**
erforschte 1772 das Gebiet um den 60. Breitengrad Süd.
Bei der Umsegelung der Antarktis entdeckte er, dass die
Ozeane Atlantik, Pazifik und Indischer Ozean ineinander
übergehen. Die Landmasse am Südpol musste also sehr viel
kleiner sein, als bisher geglaubt. „Terra Australis incognita"

existierte nicht. 1912 brachte der Geophysiker und Meteorologe **Alfred von Wegener** mit einer ungeheuerlichen These etwas Licht in die Unwissenheit über diesen Kontinent: Die „**Kontinentalverschiebungstheorie**", wonach die Erdteile wie Schollen auf einem schweren Untergrund schwimmen und umher driften. Die These wurde in den fünfziger Jahren durch eine Fülle von geophysikalischen Untersuchungen untermauert.

Geographische und geophysikalische Wandlungen

Man geht davon aus, dass vor etwa 250 Millionen Jahren die Erde aus einem Kontinent, **Pangaea**, bestand und von einem Meer, Panthalassa, umgeben war. Pangaea zerbrach später in zwei Kontinente, Laurasia im Norden und **Gondwana** im Süden; und zwar in der Mitte. Gondwana bestand zum einen aus Südamerika und Südafrika zum anderen aus Indien, Australien und Madagaskar. Die einzige Landmasse, die eine feste Verbindung mit allen anderen hatte, war die Antarktis. Es entstanden an den Nahtstellen große Risse und die Schollen drifteten auseinander. Vor 160 Millionen Jahren - die Zeitangaben sind umstritten - trennten sich Südamerika und Südafrika voneinander, blieben aber noch lange mit ihren Spitzen, Kap Hoorn und Kap der guten Hoffnung, mit der Antarktis verbunden; von einem flachen Meer bedeckt. Sie nahmen kleine Festlandsockel mit: Das Falklandplateau, aus dem später die Falklandinseln wurden. Indien spaltete sich vor 120 Millionen Jahre ab und driftete nach Norden. Dort traf das Land auf Asien und faltete den Himalaja auf. Australien bewegte sich etwa 25 Millionen Jahre später von der Antarktis weg; erst sehr langsam, dann beschleunigte sich der Vorgang. Als letztes, Afrika war inzwischen auch nach Norden gedriftet, zerbrach die Verbindung von Südamerika mit der Antarktis. Die **Drake-Passage** öffnete sich, indem von Westen Wassermassen zwischen die Kontinente strömten und Teile von Südamerika mit sich rissen. So gelangten die Inseln **Südgeorgien** und **Südorkney** in ihre isolierte Lage.

Es fällt auf, dass die Enden der Landspitzen von Südamerika und der Antarktischen Halbinsel wie ein Weidenast gebogen sind und sich wie ein Spiegelbild gleichen. Auch dafür sind die Wassermassen verantwortlich. Die Einströmung des Wassers von Westen bog beide Kontinentalteile in östliche Richtung. Das war möglich, da die Spitzen, während die beiden Kontinente sich trennten, durch denselben plattentektonischen Prozess verformt und in eine ungeschützte Lage transportiert wurden.

Die Antarktis verharrt mit einer stabilen Position am **Südpol**. Der Kontinent selber ist aber aufgeteilt zu betrachten: Als Ostantarktis und Westantarktis. Zwischen Weddellmeer und Rossmeer werden die beiden Teile durch das Transatlantische Gebirge voneinander getrennt. Mit modernen Untersuchungsmethoden hat man genauer feststellen können, wie es unter deren dicken Eisschichten aussieht.

Die **Ostantarktis** stellt sich als zusammenhängendes Gebiet dar. Sie wird als Urkontinent bezeichnet, da sie seit der Zeit von Gondwana nahezu unverändert geblieben ist. Ihre Grundgebirge bestehen aus uraltem Gneis, der mit dicken Schichten von vulkanischen Gesteinen und Sedimenten überlagert wird. Diese Schichten fand man hoch in den Bergen. Auch entdeckte man dort Fossilien und Krustentiere. Das bedeutet: Diese Gebirge wurden unter Wasser gebildet und erhoben sich dann über die Wasseroberfläche.

Die Form der Felsen dieses Alters weist außerdem darauf hin, dass Gletscheraktivitäten bei der Gestaltung eine Rolle spielten. Die Antarktis wurde offenbar von stark schwankenden Klimaperioden beeinflusst.

Ganz anders sieht es unter dem Eis der **Westantarktis** aus. Durch das Abdriften der Kontinente von der Antarktis entstand eine weite Dehnungszone, in der sich durch viele Risse Gräben entwickelten. Es setzten starke Vulkanaktivitäten ein. Dadurch schoben sich viele Erdplatten zusammen, die alle eine unterschiedliche geologische Entwicklung erkennen lassen. Durch die Lage an der Außenseite des Kontinents waren sie vielen Umgestaltungsprozessen unterworfen. Mal entstanden durch Phasen von Dehnungen und Kompressionen Sedimentbecken. Mal falteten sich dadurch Gebirge auf. Auch tauchte eine Ozeanschicht unter den Platten ab und verursachte Vulkanismus. Dadurch entwickelten sich neue Gebirge. Der Mount Erebus am Ross-Schelfeis ist noch heute ein aktiver Vulkan, der in seinem Krater einen heißen Lavasee enthält. Nur in den Anden gibt es noch einen derartigen Vulkan.

Vor der Spitze der Antarktischen Halbinsel liegen im Nordwesten die langgestreckten Südshetlandinseln. Die bekanntesten sind: King George Island, Livingston Island und Deception Island. Sie liegen an einer Meeresstraße, die 450 km lang und 120 km breit ist. Im Osten öffnet sie sich zum Weddellmeer. Die größte Tiefe von 3.000 Meter erreicht sie an Elefant Island im Norden. Das Besondere an dieser Straße ist, dass sie durch einen plattentektonischen Prozess entstand. Ein Tiefengraben deutet hier auf eine jener Zonen hin, in der ozeanische Kruste in die Erde absinkt und aufgeschmolzen wird. Dieser Prozess sieht so aus: Die „**Drakeplatte**" taucht an der Außenseite der Südshetlandinseln ab. Sie wird vom „**Alurücken**", der weit vom Festland entfernt unter dem Meer liegt, nach unten geschoben. Am „Alurücken" wird neue ozeanische Kruste gebildet. Die Bewegung des Rückens reißt durch heftige Strömung diese Kruste mit sich, die wiederum die älteren von unten nach oben auseinander spreizt. Dadurch entstand zwischen dem antarktischen Festland und den davor liegenden Inseln eine enorme Dehnung der Erdkruste, die vor 2 - 4 Millionen Jahren aufriss. So bildete sich dieses Randmeer: Die **Bransfieldstraße**.

Auch die **Südshetlandinseln** sind von diesem Prozess betroffen. Sie gehörten einst zu diesem Inselband, das dicht vor dem Festland lag. Sie wanderten aber 2 - 4 cm pro Jahr in ihre heutige Position. Und: Die Bewegung ist noch lange nicht abgeschlossen.

Die südlich liegenden Inseln - die bekanntesten sind **Brabant Island** und **Anvers Island**, sind von dieser geophysikalischen Dynamik nicht betroffen. Es gibt dort keine aktiven und abgetauchten Erdplatten mehr. Auch existieren im Südpolarmeer keine ozeanischen Rücken, die diese Platten anschieben könnten.

Erst in jüngerer Zeit kamen sich die beiden Teile der Antarktis so nahe, dass sie als ein Kontinent bezeichnet werden können. Es gab immer schon Eis auf diesem Kontinent, aber nicht in dem Maße, wie heute. Es gab Zeiten, in denen die Pflanzenwelt gedieh, sowie Wälder und Sümpfe vorhanden waren. Durch die Ansammlungen und Kompressionen dieser Biomasse entstanden im **Transatlantischen Gebirge** Kohlevorkommen. In anderen Gebieten entdeckte man fossile Überreste von Nadelbäumen, Reptilien und amphibischen Wesen. Sogar den fossilen Überrest eines Riesenpinguins, dessen Größe etwa 1,50 Meter betrug, fand man. Diese Funde untermauern die These, dass es Gondwana gegeben hat, denn man stieß in Tasmanien, Südafrika und Indien auf gleiche Strukturen.

Meine Stunde ist noch lange nicht vorbei, und ich will mich weiterhin in dem extra für mich gegrabenen heißen Bad rekeln. Ich darf es auch, denn die meisten meiner Mitreisenden entscheiden sich für die Wanderung auf einen kleinen Grat an der Caldera. Ich werde Frau Kreiter später fragen, was sie dort erlebt und gesehen hat.
Dieser ungewöhnliche Ort ist ein aktiver Vulkan in exponierter Lage. Wieso? Natürlich will ich wissen, wieso. Ich bin „auf den Geschmack" gekommen.

Deception Island

Deception ist ein Vulkan, der nicht älter als 2 Millionen Jahre ist. Wahrscheinlich liegt er im Zentrum der Dehnungs- und Bruchzone, die sich zwischen den Südshetlandinseln und der Antarktischen Halbinsel auftat. Dort strömte aus dem Erdmantel etwa 1.000°C heißes Gesteinsmaterial - Magma -, das eine Magmakammer schuf. Darüber bildete sich mitten im Meer eine Vulkaninsel. Später förderten starke Eruptionen gewaltige Lavamengen an diese Stelle. Als die Magmakammer abkühlte, entstand in ihr ein Hohlraum. Dieser Hohlraum brach in sich zusammen und ließ die ganze Insel einstürzen. So entstand diese Caldera, in die durch eine Öffnung Meerwasser einfließen konnte. Der Deception-Vulkan ist noch aktiv. Hier können die Menschen sehr eindrucksvoll erleben, wenn vulkanische Hitze auf die antarktischer Kälte trifft. Er liegt als Insel 16 km südlich von Livingston Island, und ist durch die Bransfieldstraße von der Antarktischen Halbinsel getrennt. Deception Island hat die Form eines Hufeisens, dessen Größe 13 mal 14 km erreicht. Eindrucksvoll ist der Kratersee, dessen Tiefe in der Mitte 190 Meter beträgt. An den Rändern der Caldera befinden sich heiße Quellen, Heißwasserlagunen und Fumarolen; Erdspalten, aus denen Wasserdampf und Gase ausströmen. Gigantische Gletscherzungen ziehen sich von den Bergen Mount Kirkwood im Süden und Mount Pond im Osten bis in den See hinunter.

Die wichtigsten Anlandungspunkte auf Deception Island sind Pendulum Cove, Telefon Bay, Baily Head und Whalers Bay.

Pendulum Cove ist eine kleine Bucht im Norden der Caldera. Sie ist in erster Linie mit den Badefreuden in der Antarktis verbunden. Das kalte Meerwasser wird mit den Quellen, die mindestens +50°C heiß sind, vermischt. Oberhalb des kleinen Badestrandes liegen in einer Schutzzone die Überreste der chilenischen Forschungsstation „Pedro Aquirre", die durch den Vulkanausbruch 1967 vollständig zerstört wurde.

Die Engländer führten hier im Jahre 1829 in einer Expedition unter Forster Pendelmessungen durch, die einige Schlussfolgerungen über die Dimension und Lage der Magmakammer im Untergrund ermöglichten. Deswegen bekam diese Bucht den Namen Pendulum Cove.

Eine andere Bucht im Norden des Kratersees wird als **Telefon Bay** bezeichnet. 1908 lief mitten im Kratersee der englische Kohlenfrachter „Telefon", er gab der Bucht ihren Namen, auf Grund. Ein Jahr später konnte dieser Frachter wieder flott gemacht, in diese Bucht geschleppt, und dort wiederhergestellt werden. Hier war auch der Hauptschauplatz des Vulkanausbruches von 1967. Die Landschaft wurde völlig umgestaltet. Es öffneten sich Erdspalten, aus denen Asche heraus geschleudert wurde. Sie häufte sich zu neuen Bergen an, während die alten durch Schmelzwasserströme abgetragen wurden. So entstand eine Insel, die erst später wieder mit dem Kraterrand vereint wurde. Seitdem gab es hier keine Vulkanaktivitäten mehr. Heute kann ohne Gefahr ein Spaziergang auf einen der kleinen Krater unternommen werden.

Baily Head ist ein Anlandungsort an der Außenseite von Deception Island. Hier liegt eine Kolonie der Zügelpinguine, die 50.000 bis 100.000 Tiere umfasst. Über den kleinen Strand erreicht man eine Schlucht zwischen zerklüfteten Felsen und Aschehügeln, hinter der sich diese Kolonie geschützt verbirgt. Bei ihrem Bad im Meer müssen die Pinguine aber sehr wachsam sein, denn in der Nähe des Strandes lauern die für sie gefährlichen Seeleoparden.

Die größte Bucht im Kratersee ist **Whalers Bay**, die gleich nach „Neptuns-Blasebalg" nordwärts zu erreichen ist. Hier stehen auf einer überschaubaren Ebene die Ruinen einiger Baracken sowie die verrosteten Tanks einer Walfisch- und Forschungsstation. Die „Hector Whaling Company" aus England erwarb für die Gewässer um Deception Island eine Walfanglizenz, und betrieb von 1910 bis 1931 die südlichste Trankocherei der Welt. Die erlegten Wale wurden in die Bucht gebracht. Dort trennte man den fetthaltigen Blubber ab, und verarbeitet ihn zu Tran. Der Rest der Tiere blieb liegen. Erst beim Vulkanausbruch 1967 wurden die Walfischknochen von der Asche begraben. 1944 wurde die Forschungsstation „Britisch Antarctic Survey" errichtet.

Sie war weniger eine Forschungsstation, sondern diente überwiegend dem Zweck, englische Ansprüche in der Antarktis gegenüber Argentinien und Chile zu unterstreichen. Sie wurde von der Vulkanasche 1967 zerstört.

Man geht heute noch davon aus, dass in der Westantarktis, wozu auch die Antarktische Halbinsel gehört, unter dem Eis einige Vulkane ausgebrochen sind und noch ausbrechen werden. Die letzte Eruption fand 1970 statt. Diese Vulkanaktivitäten erklären, warum an diesem Ort, an dem ich gerade bade, heißes Wasser die Strände umspült.

Es kostet etwas Überwindung, bei einer Temperatur von +5°C das angenehme Bad zu verlassen, und mich wieder anzuziehen. Trotzdem: Es war ein herrliches und einmaliges Erlebnis. Ich begebe mich nach dem „Wellenritt" mit dem „Ungetüm" auf „Außendeck fünf" und erfahre, was ich in dieser Umgebung noch hätte erleben können.
Einige Mitbewohner von der „Nordnorge" haben den kleinen Grat am Kraterrand mit Erfolg erklommen. Eine Herausforderung, denn der Pfad, der nach oben führt, ist mit rutschigem Lavasand bedeckt.
Frau Kreiter erzählt begeistert: „Es hat sich gelohnt, diesen schwierigen Weg zu bewältigen. Ich hatte einen großartigen Blick über die Whalers Bay und die Caldera. Riesige Gletscherzungen, die durch den schwarzen Lavasand teilweise sehr dunkel sind, ziehen sich bis in das Wasser der Caldera hinunter. Die Felsen an „Neptuns-Blasebalg" zeigen sich in ihrer Erhabenheit, und die Öffnung selber scheint gar nicht vorhanden zu sein. Unfassbar ist das Türkisgrün des Wassers, das mit dem Schwarz der Basaltfelsen ein faszinierendes Farbenspiel hervorruft."
Ich blicke mich um und lasse mich von der Begeisterung anstecken. Selbst vom Schiff aus kann ich diese Naturwun-

Durch die Bransfieldstraße

der, die Gletscher, das phantastische Farbenspiel und Mount Kirkwood sehen. Aber etwas bleibt mir verborgen, da ich den anstrengenden Weg an den Kraterrand nicht mitgemacht habe.

Frau Kreiter erzählt weiter: „Auf der anderen Seite hatte ich einen atemberaubenden Blick auf die steilen Klippen des Kraterwalls. Dort liegt auch das „Neptun-Fenster", ein fast rechtwinkliger Ausschnitt in den Klippen. Durch die Fumarolen in den Buchten dampfte das Wasser, und erzeugte eine geheimnisvolle Stimmung. Auch hatte ich einen herrlichen Blick über die Bransfieldstraße, in der Eisberge strahlend weiß leuchten."

Ich blicke auf den Hang, an dem die „Bergsteiger" in ihren roten Jacken eine kleine Kolonne bilden und ihr Ziel, den Blick auf das „Neptun- Fenster", gleich erreichen. Ich denke: „Diese ungewöhnliche Insel in der Antarktis bietet eindrucksvolle Erlebnisse. Egal, wofür die Menschen sich entscheiden: Diese Erlebnisse werden im Gedächtnis bleiben."

Es wird noch einige Zeit vergehen, bis alle Abenteurer wieder an Bord sind, und ich genieße die wunderbare Atmosphäre

der Einsamkeit.
Das „Briefing" findet heute nicht statt. Herr Hoffmann hat
gestern schon gesagt, dass wir morgen Vormittag Neko-Har-
bour erreichen, wo wir eine Pinguinkolonie besuchen können.
Gegen Abend fängt es kräftig an zu regnen, und es ist mir
jetzt zu ungemütlich, weiter auf „Außendeck fünf" zu sitzen.
Ich suche mir einen warmen Platz am Panoramafenster, und
schreibe die Erlebnisse der letzten Tage in mein Reisetage-
buch. Auch nutze ich die Zeit, mir Gedanken über das Klima
zu machen und länger zu schlafen. Und: Ich freue mich auf
morgen.

Klima

Das antarktische Klima ist ausgesprochen kalt, trocken
und windig. Die kälteste je gemessene Temperatur beträgt
-89,2°C, das Polarplateau erhält den geringsten Niederschlag
und die Winde erreichen bis zu 300 km/h.
Worin liegen die Ursachen für diese klimatischen Extreme?
Zuerst ist die Lage dieses Kontinents dafür verantwortlich.
Und eine Eigenart des Schnees.

Die Sonnenstrahlen fallen hier aus einem sehr flachen
Winkel ein, sodass die Wirkung der Sonne stark abge-
schwächt wird. Deswegen erhält die Antarktis, im Vergleich
zu anderen Gebieten auf der Erde, im Jahresdurchschnitt
nur wenig Sonnenenergie. Im Winter ist für mehrere Monate
überhaupt keine Sonnenenergie vorhanden. Im Sommer
herrscht hier zwar die energiereichste Sonneneinstrahlung
der Erde, trotzdem werden diese Strahlen nicht in Wärme
umgewandelt. Der Grund: Die weiße Schneeschicht nimmt
die Sonnenstrahlen gar nicht erst auf, um sie in Wärme
umwandeln zu können. Der Schnee reflektiert sie sofort in

die Atmosphäre. Daraus resultiert sowohl die Kälte als auch die Trockenheit. Die Kombination aus Kälte und Trockenheit macht die Luft in der Antarktis außerordentlich rein und klar. Der Fachbegriff, der das Verhältnis zwischen einfallender und reflektierter Sonneneinstrahlung bestimmt, lautet **Albedo**. Einige Beispiele: Eine frisch gefallene weiße Schneedecke reflektiert 90% der Sonneneinstrahlung und hat eine Albedo von 0,9%. Eine frisch aufgebrachte Teerdecke einer Straße reflektiert nur 10%; hat also eine Albedo von 0,1%. Die Temperatur des Schnees verändert sich kaum, während der Teerbelag stark aufgeheizt wird.

In der **Arktis** herrschen auch durch derartige Sonneneinstrahlungen extreme Temperaturen. Sie sind aber doch 30°C wärmer als in der Antarktis. Die Erklärung liegt darin: Die Arktis ist eine Eisscholle, deren Eisschicht auch einer Eisscholle entspricht. Die Antarktis aber ist ein Kontinent, der im Durchschnitt 1.800 Meter über dem Meeresspiegel liegt. Daraus ergibt sich automatisch - die Temperatur erniedrigt sich durch die Senkung des Luftdrucks pro 100 Höhenmeter um -1°C - eine Differenz von -18°C gegenüber der Arktis. Die restliche Differenz von -12°C wird durch die isolierte Lage des Erdteils verursacht, die vom Südpolarmeer und einem nur dort vorherrschenden Windsystems bestimmt wird. Wissenschaftler, die regelmäßig die Lufttemperatur messen, haben herausgefunden, dass die genauesten Temperaturen in der Antarktis am besten 10 Meter tief im Eis gemessen werden können. Die niedrigste betrug -89,2°C, gemessen an der russischen Station „Vostok" in etwa 3.400 Metern Höhe. Die höchste betrug -59°C an der Südspitze des Weddellmeeres. Große Schwankungen sind aber in der Antarktis nicht ungewöhnlich. So treten an der Oberfläche der „Bungeroase" im Osten durchaus mal +20°C auf.

Niederschläge in Form von Schnee sind in der Antarktis seltener als man erwarten würde. Der Wind trägt aus sehr großer Höhe feuchte Luft über das Südpolarmeer dorthin. Wenn sich diese abkühlt, verursacht sie leichte, aber regelmäßige Schneefälle; vorwiegend in den Küstenregionen. Es können dort 50 - 100 cm Schnee fallen. Schwere Stürme, Blizzards, schichten diesen Schnee dann oft auf und bilden Schneewehen, die sogar ganze Gebäude unter sich begraben können. Die Menschen verlieren in diesen konturlosen Schneewirren die Orientierung, sodass ein Aufenthalt außerhalb der Gebäude sehr gefährlich ist. Schon der Weg von einem Gebäude zum anderen kann zu bedrohlichen Verirrungen führen. Der Niederschlag im Inneren der Antarktis, z.B. auf dem Polarplateau bei der „Amundsen-Scott Station", beträgt im Jahr weniger als 5 cm; nicht als Schnee, sondern in Form von Schneekristallen. Das erklärt auch die extreme Trockenheit - die Sahara erhält mehr Feuchtigkeit - und deshalb kann hier auch von einer **Eiswüste** gesprochen werden.

Eine andere Besonderheit des Klimas in der Antarktis ist die des **Windsystems**. Es trägt entscheidend zu der hier auftretenden Trockenheit bei.

Aus großen Höhen strömen wärmere Luftmassen vom Südpolarmeer - es wird von den Ozeanen Atlantik, Pazifik und Indischer Ozean gebildet, und legt sich wie ein Ring um die Landmasse - in die Antarktis. In der Nähe des Südpols kühlen diese Luftmassen stark aus und sinken auf das 2.800 Meter hohe Zentralplateau ab. Von dort aus bewegen sie sich als Fallwinde in alle Richtungen an die Küstengebiete. Sie werden „**Katabatische Winde**" genannt. Auf dem Zentralplateau herrscht ein stabiles Hochdruckgebiet, durch das dort praktisch keine Stürme auftreten. Die

„Katabatischen Winde" fegen aber vom Inland mit frostigem und hartnäckigen Charakter auf die Küsten zu. Sie können in manchen Gebieten eine Geschwindigkeit von 300 km/h erreichen. Der gefährlichste und berüchtigtste Wind ist der Blizzard. Er wirbelt den vorhandenen losen Schnee auf, mit den schon beschriebenen Folgen.

Ein Teil der Faszination, den die Antarktis auf die Menschen ausübt, geht von diesen ungewöhnlichen Witterungsverhältnissen aus und sie können auf einer Kreuzfahrt an der Antarktischen Halbinsel entlang hautnah erlebt werden. Die Monate Januar und Februar zeichnen sich aber durch längere und ruhigere Wetterabschnitte aus. Generell kann in dieser Zeit mit einer „Drei-Drittel-Regel" gerechnet werden. An einem Drittel herrscht Sonnenschein vor. Bei klarem Himmel scheint die Sonne sehr intensiv und entwickelt eine erstaunliche Wärme, obwohl die Luft in der Umgebung kalt bleibt. Je weiter man nach Süden kommt, umso länger steht die Sonne am Himmel; umso länger werden die Tage. Am 22. Dezember steht die Sonne südlich des 60. Breitengrades mindestens 19 Stunden am Horizont. Am Polarkreis erlebt man die Mitternachtssonne und am 70. Breitengrad kann dieses Phänomen von Ende November bis Ende Januar beobachtet werden. Das zweite Drittel wird durch eine typische geschlossene Wolkendecke bestimmt, die die Berge auf halber Höhe wie mit eine Lineal gezogen, abgrenzen. Das letzte Drittel hält „Wetterüberraschungen" bereit.

An den Küsten liegen die Temperaturen im Sommer - unerwartet, denn nach der Vorstellung der Menschen ist es dort immer eiskalt - durchschnittlich um den Gefrierpunkt. Je weiter man nach Süden kommt, nehmen die Minusgrade zu: Beim 70. Breitengrad liegen sie bei 0 bis -15°C. Also durchaus Temperaturen, die Menschen noch gut ertragen können; wenn der Wind nicht wäre. Die „Katabatischen Winde" beeinflussen das persönliche Kälteempfinden entscheidend. So werden +5°C bei kräftigem Wind, auch Fahrtwind, vom Körper wie -5°C wahrgenommen.

Bevor die Urlauber die Antarktische Halbinsel erreichen, müssen sie mit dem Schiff durch die Drake-Passage. Sie ist 800 km breit und bekannt für ihr raues Klimas. Das Wetter ist dort sehr wechselhaft. Im Südpolarmeer bilden sich schwere Stürme und Tiefdruckgebiete, die die Antarktis von Westen nach Osten umkreisen. Die meisten dieser Wetterlagen kommen nördlich des Rossmeeres, nördlich des Weddellmeeres und an der Einfahrt zur Drake-Passage vor. Die frostige Luft der Antarktis vermischt sich mit der feuchten und warmen Luft der umgebenden Ozeane. Es entstehen Zyklone - tropische Wirbelstürme -, die diese Regionen zwischen dem 40. und 60. Breitengrad zu den rauesten und gefährlichsten Seewegen der Erde machen. Nur in den Sommermonaten sind diese Tiefdruckgebiete meist weniger dramatisch. Sie ziehen eher ab und es entwickeln sich immer wieder ruhigere Wetterlagen. Es ist also durchaus möglich, dass ein Schiff in der Zeit zwischen zwei Tiefdruckgebieten eine angenehme Überfahrt durch die Drake-Passage haben kann.

Zum Abendessen gibt es eine feste Tischordnung, und ich sitze mit einem jungen Ehepaar und einem älteren Herrn zusammen. Meistens unterhalten wir uns angeregt, merkwürdigerweise aber selten über das Erlebte vom Tage.
Das Essen ist gut, und es besteht Gott sei Dank nur aus drei Gängen. Was ich aber besonders genieße, ist, dass ich nicht in „feinen Kleidern" erscheinen muss, und immer frisches Wasser auf dem Tisch steht. Die trockene Luft macht, auch

durch die Klimaanlage, ganz schön durstig.
Ich treffe mich jeden Abend mit Frau Kreiter. Mit ihr habe
ich mich etwas angefreundet, und wir tauschen dann unsere
Gedanken aus. Für mich sind die Gespräche wichtig, denn
ich bekomme den Kopf frei für neue Erlebnisse.
Heute Nachmittag hörte ich einen Vortrag über die Natur-
phänomene in der Antarktis. Heute Abend wird ein Film
über Sir Ernest Shackleton angeboten. Natürlich sehe ich mir
diesen Film an.

Naturphänomene

In der Antarktis sind die optischen Naturphänomene in
der Atmosphäre etwas ganz Besonderes. Mit viel Glück
können sie in den Sommermonaten vom Schiff aus beobachtet werden. Als erste Erscheinungen sind der „**Eisblink**" und der „**Wasserhimmel**" zu erwähnen. Sie waren
in der Schifffahrt, als es noch keinen Radar gab, eine
wichtige Orientierungshilfe. Wenn sich eine geschlossene
Wolkendecke am Horizont ausbreitet, wirkt die gleichför-
mige Unterseite wie ein matter Spiegel. Dadurch können
in der Ferne helle Wasseroberflächen, „Eisblink", von einer
dunklen, „Wasserhimmel", unterschieden werden. Wenn
ein Schiff im offenen Wasser unterwegs ist, warnen also
helle Wolkenflecken vor der Gefahr, ins Eis zu geraten. Ist
das Schiff aber doch mal im Eis eingeschlossen, kann offenes Wasser in der Richtung ausgemacht werden, in der am
Horizont eine dunkle Zone zu erkennen ist. Noch heute
benutzen die Kapitäne für eine sichere Fahrt ihrer Schiffe
diese Orientierungshilfen.

Zwischen Eisoberfläche und geschlossener Wolkendecke
ist ein anderes Phänomen zu beobachten: Die „**Weiße**

Finsternis". Sie ist eine sehr gefährliche Wettersituation, die von den Menschen, die auf Eis-und Schneeflächen unterwegs sind, gefürchtet wird. Die „Weiße Finsternis" entsteht, wenn über einer weißen Landschaft eine geschlossene Wolkendecke liegt. Das Sonnenlicht wird sowohl von der Wolkendecke als auch der Schneefläche diffus gestreut, und in alle Richtungen reflektiert. Dadurch verschwindet jeder Schatten. Das Licht kommt nun von allen Seiten und lässt den Horizont und die Schneefläche verschmelzen. Die Luft dazwischen kann sehr klar sein, sodass Gegenstände bis in die Ferne erkannt werden können; sie schweben aber in einem weißen „Nichts".

Die **Luftspiegelungen** entwickeln sich, wenn bei einer ruhigen Wetterlage „Katabatische Winde" vom Schelfeis heran wehen. Die kalte Luft ist schwerer, als die wärmere Luft in der Umgebung. Sie fließt deswegen direkt über dem Boden, wobei sie die warme Luft über sich schiebt. Dort, wo die Luftmassen zusammenkommen, entsteht ein starker Unterschied der Dichte. Diese Übergangsschicht beeinflusst den gradlinigen Weg der Sonnenstrahlen, die sich dann wie ein Strohhalm, den man mit beiden Enden in ein Wasserglas gibt, biegen. Das menschliche Auge - es gibt seine Wahrnehmung an das Gehirn - kann die Biegung nicht sehen, sondern „erkennt" die Objekte verzerrt oder wie durch einen Spiegel. Auch können die Objekte an ganz anderen Orten abgebildet sein.

Andere Naturereignisse sind die Aureolen und Halos. Sie können besonders bei kalter und klarer Luft gesehen werden. Eine **Aureole** ist eine kreisförmige Aufhellung, die sich um Mond und Sonne legt. Zwischen dem Beobachter und der Lichtquelle - Mond oder Sonne - wird das Licht durch Beugung abgelenkt, nicht durch Streuung. Die

Beugung entsteht, wenn Licht auf kleine Hindernisse, wie scharfkantige Eiskristalle in der Atmosphäre, treffen. Die verschiedenen Wellenlängen - Farben - des Lichtes werden unterschiedlich gebeugt. Deswegen hat die Aureole oft einen blassrosaroten Rand um eine bläuliche Mitte. Diese Farbfolge kann sich in seltenen Fällen wiederholen. Halos werden auf andere Weise sichtbar. Sie legen sich als weite, nach innen scharf abgegrenzte Ringe um Mond und Sonne.

Das Licht bricht sich in der Atmosphäre in Eiskristallen, die wie sechsseitige Prismen geformt sind. Die Lichtstrahlen werden durch dieses Prisma geschickt und um 22 Winkelgrade von der Lichtquelle abgelenkt. Dort häufen sich die Lichtstrahlen, wodurch eine verstärkte Helligkeit auftritt: Der **Haloring**. Der genaue Winkel von 22° wird von dem konstanten Brechungsindex von Eis (1,3 L) verursacht. Es gibt auch Halos bei denen das Licht um 46° abgelenkt und dort angehäuft wird; es durchdringt dann nicht die Seitenfläche des Eisprismas, sondern eine Grundfläche.

Die **Sonne** verhält sich an der Südhalbkugel anders, als bei uns. Auf der Nordseite der Erde geht die Sonne im Osten auf und im Westen unter. Wir sind es gewohnt, dass die Sonne sich im Uhrzeigersinn bewegt. Auf der Südhalbkugel geht die Sonne zwar auch im Osten auf und Westen unter, aber dazwischen zieht sie ihren Bogen gegen den Uhrzeigersinn. Wieso? Die Sonne, die in Äquatornähe über der Erde steht, erscheint mittags nicht mehr im Süden, sondern im Norden. Somit liegen, wenn wir in die Richtung der Sonne schauen, der Osten zur rechten und der Westen zur linken Seite. Die Jahreszeiten sind ebenfalls anders, sie sind entgegengesetzt; Sommer im Norden, Winter im Süden und umgekehrt.

Den Abschluss der vielfältigen Naturphänomene bildet der südliche **Sternenhimmel**. Trotz der hellen Sommernächte während der Reisezeit gibt es immer wieder Gelegenheiten, ihn auf Hin- und Rückfahrt anzuschauen. Er verfügt nicht über so einprägsame Sternbilder wie im Norden, aber das „**Kreuz des Südens**" ist berühmt. Es besteht aus drei hellen Sternen und einem lichtschwachen Stern, die wie ein Kreuz angeordnet sind, und vor dem hellen Hintergrund der Milchstraße strahlend leuchten. Schaut man auf der Milchstraße weiter nach Süden, entdeckt man die lichtstarken Sterne „Toliman" und „Agena", sowie den lichtschwachen „Proxima Centauris". Dieser Stern liegt „nur" 4,4 Lichtjahre von der Erde entfernt und hat damit die größte Nähe zu uns. Unter den unendlichen Mengen von Galaxien im Universum gibt es zwei hellere Himmelsflecken, die, abseits der Milchstraße, in der Nähe des Pols vom Südhimmel liegen; die kleine und große „Magellansche Wolke". Das Besondere ist: Diese beiden Galaxien haben den geringsten Abstand zum Planet Erde.

Am nächsten Morgen wache ich sehr gut ausgeruht auf, und mein erster Blick geht durch das Bullauge der Kabine. Der Himmel ist grau, aber es hat aufgehört zu regnen. Ich hoffe auf einen schnellen Wetterwechsel und dem neuen Abenteuer steht nichts mehr im Weg.
Über Nacht hat die „Nordnorge" die Bransfieldstraße verlassen, ist an Brabant Island entlang gefahren, und befindet sich jetzt Richtung Süden in der Gerlache-Straße. Unser nächstes Ziel ist nicht mehr weit: Neko-Harbour.
Neko-Harbour ist eine kleine geschützte Bucht, die am Festland der Antarktischen Halbinsel liegt. Schon die Einfahrt ist beeindruckend. Dieser natürliche Hafen eröffnet mir eine wunderbare Eislandschaft.
Der Himmel hat sich etwas gelichtet und die Sonne lugt

manchmal hervor. Die „Zodiacs" durchpflügen das Wasser und landen am Strand, an dem eine kleine Pinguinkolonie beheimatet ist. Die roten Jacken der Passagiere leuchten schon in der kargen Landschaft.

Heute bleibe ich an Bord. Meine körperliche Verfassung lässt es nicht zu, dass ich jeden Landgang mitmachen kann, aber das wusste ich schon vor der Reise. Diese Schwäche kann jedoch meine Freuden an dem überwältigenden Naturereignis Antarktis nicht schmälern. „Außendeck fünf" ist mein Stammplatz geworden, weil dieses Deck um das ganze Schiff herum führt und ich bei jedem Rundgang alle Sehenswürdigkeiten im Blick habe. Auf diesen Rundgang begebe ich mich jetzt und stelle fest: Die „Nordnorge" ankert ganz dicht am Ufer, an dem die Pinguinstation liegt. Mit meinem Fernrohr kann ich diese putzigen Tiere wunderbar beobachten. Besonders das Getümmel auf der „Pinguinautobahn" kann ich sehr gut vom Schiff aus überblicken.

Oberhalb des Strandes liegt eine kleine argentinische Hütte, die heute noch in der Not Schutz bietet. Das ganze „Rund" der Bucht ist gesäumt von riesigen Gletschern und die Abbruchkanten ragen eindrucksvoll aus dem Wasser empor. Diese Kanten sind mit tiefen Gletscherspalten durchzogen, aus denen die spektakuläre blauviolette Farbe des Eises strahlt. Diese typische Farbe hat schon viele Besucher in Verzückung gebracht und auch ich bin von diesem Farbwunder gefesselt. Ich kann es nicht beschreiben; ich kann meine Sinne nur an diesem Anblick laben.

Um die „Nordnorge" tanzen Eisberge in ihrem unvergleichlichen Weiß herum. Die Lufttemperatur beträgt +5°C und die Windstärke ist 3. Die Eisberge verändern dadurch ständig ihre Form und Position. Manche leuchten dicht oberhalb des Wassers in einer grünen Farbe, die dem „Tanz" noch einen besonderen Reiz gibt.

Eiszeit vor Neko Harbour

Die „Roten Jacken" bewegen sich immer noch am Strand. Ich erfreue mich weiter an dem Spiel der Eisberge. Ich beobachte, wie sich langsam in der Einfahrt von Neko-Harbour das Eis zu einer großen Masse sammelt. Natürlich vertraue ich dem Kapitän. Er wird das Schiff sicher durch das Eis führen. Ich bin nur erstaunt, wie schnell sich das Eis zu dieser gefürchteten Ballung zusammenschieben kann.

Im Augenblick besteht eine geschlossene Wolkendecke, auch am Horizont. Ich entdecke, wie es an einem Teil des Horizontes strahlend weiß leuchtet. Ein anderer Teil liegt in einem tiefen, dunklen Grau. Ich bin begeistert: Ist es möglich, dass ich die Naturphänomene „Eisblink" und „Wasserhimmel" vor mir sehe?

Frau Kreiter hat vor, jeden Landgang mitzumachen und ihre Erzählungen bereichern meine Sinneswahrnehmungen dieser Reise. Heute erzählt sie mir: „An dem kleinen Landstrich gibt es einen Weg, der an den Rand eines Gletschertores führt. Natürlich bin ich dorthin gegangen. Ich wollte sehen, ob Eis abbricht und ich wollte dieses Geräusch hören, von dem man in letzter Zeit in der Debatte um den Klimawandel so oft spricht. Das schönste Erlebnis dieses Ortes liegt aber darin, so nah, zum anfassen nah, an dieses Tor zu kommen und hinein zu blicken; so unmittelbar in die blauviolette Farbe des Eises. So unmittelbar die Reinheit der Natur zu spüren. Da ist es keine Enttäuschung, dass weder Eis abbricht, noch irgendein Geräusch zu hören ist."

„Die Größe der Pinguinkolonie ist überschaubar. Nicht ich, sondern die Vögel halten den Abstand von fünf Metern nicht ein. Sie sind so zutraulich, dass ich vorsichtig sein musste, nicht mit ihnen zusammen zu stoßen. Denn, wenn sie auch zutraulich sind, so sind es doch wilde Tiere im eigenen Revier. Eigentlich haben die Menschen hier nichts zu suchen. Aber es ist ein großes Vergnügen, diesen „Frackträgern" mit ihrem watschelnden, aufrechten Gang in freier Natur zu begegnen.

*Und sie zu fotografieren. Sie posieren vor der Kamera wie
kleine, eitle Mannequins."*
*Ich erinnere mich noch sehr gut an das Schauspiel, welches
ich an der Henryk Arctowski Station erlebt habe, und kann
die Begeisterung von Frau Kreiter verstehen.*
*Die „Nordnorge" kreuzt den ganzen Tag durch die Gerlache-
Straße, an der mehrere Buchten und Inseln liegen. Es ist jetzt
vorgesehen, Cuverville Island anzusteuern.*

Cuverville Island liegt unmittelbar vor dem antarktischen
Festland und ist nur eine winzige Insel. Dort befindet sich
aber die größte Kolonie der Eselspinguine in der Antarktis.
Das Wasser ist hier sehr flach, dadurch sind die Tiere vor
den gefährlichen Angriffen der Seeleoparden geschützt.
Von 1992 - 1995 hat ein kleines Wissenschaftlerteam der
Universität Cambridge/England den Einfluss des Tourismus auf das Brutverhalten der Pinguine studiert. Das
Ergebnis dieser Studie ist: Das Verhalten der Raubmöwen
ist für die Pinguine ein viel größerer Stressfaktor, als das
der Menschen; wenn diese sich richtig benehmen.

Eisberge, die von der Gerlache-Straße hierher driften,
stranden in dem flachen Wasser und bleiben, langsam
abschmelzend und auseinanderbrechend, liegen. Die
Anlandung der „Zodiacs" ist dadurch erheblich erschwert
oder gar unmöglich. Trotzdem gehört Cuverville Island
zu den „Top Five" der Touristenziele, die in der Antarktis
besucht werden.

*Leider lässt das schlechte Wetter eine Anlandung nicht zu,
und so kreuzt die „Nordnorge" weiter durch die Gerlache-
Straße nach Süden zum Paradise-Harbour.*

Paradise-Harbour ist mit seinen Inseln und Halbinseln ein

Düstere Stimmung

paradiesisches Kreuzfahrtgebiet - daher kommt der Name der Bucht - in ruhigen Gewässern. Auf der einen Seite liegt das Festland, auf der anderen Seite wird es durch die Inseln Lemaire und Byrd von der Gerlache-Straße abgegrenzt. Die Berge, von denen sich Gletscherzungen hinunter ziehen, sind bis zu 2.000 Meter hoch und engen viele Stellen der Bucht ein. In diesem prachtvollen Panorama sind noch die Ruinen der chilenischen Gonzales Videla Station und der argentinischen Almiranta Brown Station zu sehen. Sie mussten 1963 bzw. 1984 aufgegeben werden. An dem Ort der argentinischen Station gibt es heute einen Kiosk für die Touristen. Eine besondere Attraktion ist die „Zodiacfahrt" in den abgelegen Teil der Bucht, in der etwa 50 Blauaugen-kormoranpaare nisten. Auch erkennt man in den Felswänden blaugrüne Flecke; sie enthalten Malachit und Azurit; ein Zeichen von hohem Kupfergehalt.

Diese Pracht von Paradise-Harbour bleibt mir leider auch verborgen. Das Wetter hat sich nicht gebessert. Die „Nordnorge" wird hier die ganze Nacht bleiben und ich werde ab und zu hinausblicken. Vielleicht wird mir ein Ausblick in das „Paradies" doch noch vergönnt.

Wie ich im „Briefing" erfahre, ist es bis zum Lemaire-Kanal nicht mehr weit. Er wird morgen früh durchfahren. Auch ist ein Besuch auf der ukrainischen Vernadsky Station vorgesehen.

Es ist nun besonders wichtig, dass ich meine Digitalkamera auflade und kontrolliere. Auch eine Ersatzbatterie und eine zweite Speicherkarte lege ich ins Tagesgepäck. Der Lemaire-Kanal wird nämlich auch „Kodakkanal" genannt.

Ich bin hoffnungsvoll: Morgen wird wieder ein Tag mit vielen Erlebnissen werden.

Kapitel 4
Lemaire-Kanal und Vernadsky Station

Macht des Eises und frühere Abenteurer

„Der Drang, die weißen Flecken von der Landkarte zu entfernen, entspringt eher menschlichen Urinstinkten als der Wissenschaft oder dem Geschäftssinn."
(Hugh R. Mill, englischer Polarforscher 1909)

Gestern Nachmittag hatte mir der tief verhangene Himmel den Ausblick auf Cuverville Island und Paradise-Harbour verwehrt, und auch heute Morgen ist diese Eiswelt, an der die „Nordnorge" auf Reede liegt, nicht sichtbar. Die Wetteraussichten für die Durchfahrt des Lemaire-Kanals sind aber günstig.
Ich habe die freie Zeit gut genutzt; ich habe meine Augen ausgeruht. Aufgrund des Schnees und des ungewöhnlichen Lichtes werden diese sehr in Anspruch genommen. Nun bin ich gut gerüstet für das Abenteuer Lemaire-Kanal.
Die „Nordnorge" nähert sich dem spektakulären Kanal, den es nicht zu geben scheint; so unbedeutend wirkt sein Eingang zwischen den steil aufragenden, grauen Anhöhen. Dennoch bietet dieser Seeweg, der 15 km lang ist und Booth Island vom antarktischen Festland trennt, unvergessliche Erlebnisse. Heute bin ich nicht mehr einsam auf „meinem Außendeck fünf". Die Kameras der Passagiere klicken schon heftig in der Stille, die uns umgibt, denn der Himmel lichtet sich langsam.
Vor mir sehe ich jetzt schemenhaft die Berge, die bis zu 1.000 Meter Höhe erreichen und den gesamten Kanal säumen. Gletscher mit ihren steil abbrechenden Eiswänden gleiten bald nahe an meinen Augen vorbei. Es ist imposant: Wenn ich dort, wo die Eiswände den Kanal bis auf wenige hun-

dert Meter einengen, an diesen empor schaue, scheinen sie kein Ende zu nehmen. Ich fühle mich dennoch nicht bedroht. Vielmehr bin ich hingerissen von der natürlichen Vollkommenheit und Reinheit dieser eisigen Kälte. Da kann mich auch das Treibeis, welches bedrohlich unter dem Schiff auseinander kracht, nicht beunruhigen. Die „Nordnorge" stampft schwerfällig durch dieses Treibeis; sie muss sich ihre Fahrrinne selbst räumen. An den breiteren Stellen des Kanals schwimmen Eisschollen, auf denen sich Robben aalen, und Pinguine beleben einige schmale Ufer.

Die einzigartige Atmosphäre begeistert mich. Ich beobachte das blau schimmernde Treibeis und genieße den Anblick der gigantischen Gletscherwände und der Tiere. Ich höre noch lange das Knacken und Krachen des Eises, das sich hinter dem Schiff schnell wieder zusammenschiebt. Ich fühle mit allen Sinnen die gewaltige Ausstrahlungskraft der Natur.

Die „Nordnorge" durchfährt langsam und sicher den Lemaire-Kanal. An dessen Ende begegnet uns ausgerechnet hier das einzige Schiff, welches wir an der Antarktischen Halbinsel treffen: Die „Endevour".

Der Himmel hat sich vollständig gelichtet und strahlt nun in seinem schönsten Blau. Die „Nordnorge" erreicht wieder offenes Wasser, und hier offenbart sich eine neue Eiswelt. Gletscherzungen, die sich von den schwarzen Bergen ins Meer hinunter ziehen, glänzen in einem unvergleichlichen Weiß. In der Ferne verschmilzt das tiefblaue Meer im gleißenden Licht mit dem Horizont. Die Sonnenstrahlen, sie geben bei +5°C erstaunlich viel Wärme ab, berühren die Haut meines Gesichtes. Das Schiff liegt auf Reede, sodass die Windstärke zwei kaum zu spüren ist. Einige „Ungetüme" gleiten an den Eisschollen entlang und die „Roten Jacken" können die Pracht hautnah erleben.

Ich bin von ungewöhnlicher Schönheit umgeben.

Leider verweilen wir hier nur kurze Zeit, denn das Tages-

ziel muss geändert werden. Es ist unmöglich, die Vernadsky Station zu erreichen. Wir werden schon heute Port Lockroy besuchen. Wieso?

Ich schaue mich um und erkenne den Grund. Im Süden, einige hundert Meter vor uns, türmen sich Berge von zusammen geschobenem Packeis: Weiß, undurchdringlich, menschenfeindlich und kalt. Der Anblick nimmt mir den Atem. Ich erlebe diesen Augenblick mit ungläubigem Staunen und ich fühle große Ehrfurcht vor diesen Urgewalten.

Für mich liegt hier das Ende der Welt. Die „Nordnorge" ist gezwungen, umzukehren.

Ich kann nur mutmaßen, wie es Sir Ernest Shackleton zumute war, als das Schiff im Eis eingeschlossen wurde. Oder andere Abenteurer nur von derartiger Eissphäre umgeben waren; wohl wissend, dass nirgendwo eine menschliche Ansiedlung existierte.

Viele spannende Entdeckungsfahrten wurden, nach der Umsegelung von James Cook 1772, in die Antarktis unternommen. Mal vom Atlantik aus, mal vom Pazifik. Alle hatten das Bestreben, diesen unwirklichen Ort zu bezwingen.

Der russische Seemann **Fabian Gottlieb von Bellinghausen** (1778-1852) führte von 1819-1821 eine Umrundung des Kontinents in noch südlicheren Breiten als James Cook durch. Am 23.2.1823 gelang es dem Belgier **James Weddell** (1787-1834) als erstem, bis zu 74° südlicher Breite vorzudringen. Nach ihm ist das Weddellmeer benannt. Auch erkundete er die Falkland- und Südorkneyinsel. 1837 erreichte **Jules Sebastian Dumont d'Urville** (1790-1842) das Palmerland und Joinville Island, und 1840 die von ihm benannte Adelieküste. 1839 machte **James Ross** (1800-1862) von Tasmanien aus einige Entdeckungen. Er erkundete das Viktorialand am Rossmeer, welches nach ihm genannt wurde. Auch die Vulkane Mount Erebus und Mount Terror hat er gesichtet; sie bekamen den Namen von zwei seiner Schiffe. Auch war er derjenige, der die 79° südlicher Breite zuerst überquerte.

Die Blütezeit der Entdeckungen leitete **Adrien Gerlache de Gomery** ein. Der Belgier (1866-1934) hatte sich immer auf den Südpol konzentriert. Aber es war schwierig, Gelder für eine Antarktisexpedition zu bekommen, da Belgien vorrangig Forschungen in Afrika vorantrieb. 1895 stellte Gerlache auf dem 6. internationalen Polarkongress Pläne für eine Antarktisexpedition vor, die auf großes Interesse stießen. Daraufhin konnte er die erste Expedition von 1897-1899 mit der „Belgica" durchführen. Er erkundete und kartographierte die nach ihm benannte Gerlache-Straße und den Lemaire-Kanal. Er bezeichnete den Kanal nach einem Landsmann von ihm; dem Afrika-Forscher Lemaire. 1897 heuerte ein Mann für diese Reise an, der in der Entdeckungsgeschichte des Kontinents eine entscheidende Rolle spielen sollte, und damals 25 Jahre alt war: **Roald Amundsen**.

Roald Amundsen wurde 1872 in Norwegen geboren. Er studierte Medizin, brach das Studium aber ab. Er wollte zur See fahren. 1894 trat er in die norwegische Marine ein. Sein Augenmerk lag in der Erforschung des Nordpols und er fing an, sich für Geophysik zu interessieren. 1903-1906 segelte er erfolgreich, als erster mit einem einzelnen Schiff, der Gjoa, vom Atlantik zum Pazifik: Durch die spektakuläre Nordwestpassage. In der Zeit sammelte er bei den Inuit Erfahrungen mit dem Eis, der Kälte und dem Überleben in einer derartigen Natur.
Auf weiteren Entdeckungsreisen erforschte er den magne-

tischen Nordpol. Für diesen Zweck arbeitete er in einem Labor, in dem er - gezwungenermaßen - zum ersten Mal auf seinen späteren Erzrivalen **Robert Falcon Scott** traf. Die beiden Männer haben nie zusammen gearbeitet, auch waren sie sich nie wohlgesonnen. Amundsens Ehrgeiz bestand darin, als erster den Nordpol zu erreichen. Umso größer war seine Enttäuschung, als er erfuhr, dass die Amerikaner Frederik Cook und Robert Peary in der 1. Septemberwoche 1909 den Nordpol erreicht hatten. Da er große Schulden hatte, musste er dringend einen spektakulären Erfolg vorweisen. Er beschloss umgehend, eine Expedition zum Südpol zu planen. Heimlich. Nicht nur wegen der Schulden, sondern auch, weil er erfahren hatte, dass die Vorbereitungen für eine Reise zum Südpol seines Erzrivalen Scott schon weit gediehen waren. Nur sein Bruder Leon wusste von der heimlichen Planung. Er stach am 9.8.1910 mit einer 19köpfigen Besatzung in See, die erst auf der Höhe von Madeira erfuhr, welches verwegene Ziel diese Fahrt hatte. Die Presse informiert er am 2.10.1910. Doch dazu später mehr…

1926 gelang ihm zusammen mit dem Italiener Umberto Nobile und dem Amerikaner Lincoln Ellsworth ein Flug von Spitzbergen über den Nordpol nach Alaska. Mit dem Schiff erreichte er den Nordpol nie. Im Juni 1928 kam er wahrscheinlich bei einer Rettungsaktion von Nobile, dessen Luftschiff „Italia" über dem Nordpol verunglückte, ums Leben.

Robert Falcon Scott wurde 1868 in England geboren. 1881 trat er in die Marine ein und bewarb sich 1899 für die Leitung einer Expedition in die Antarktis. Er befehligte 1901 die „National Antarctic Expedition" mit der „Discovery". 1902 überquerte er den Südpolarkreis, erreichte das Rossmeer und durchfuhr das Ross-Schelfeis. Von Anfang an galt seine vorrangige Intention dem Südpol, und er sammelte Erfahrungen, indem er auf mehreren Schlittenfahrten in das Viktorialand am Rossmeer vordrang. Und er sammelte dort pflanzliche Fossilien. Auch wagte er die erste Ballonfahrt in der Antarktis. Bei seinen vielen Unternehmungen wurde er mehrmals von einem Mann begleitet, der später durch eine tragische und bemerkenswerte Expedition in die Geschichte einging: **Sir Ernest Shackleton.**

Ernest Shackleton wurde 1874 in Irland geboren und wurde schon ab 1901 immer wieder Scotts Begleiter. Von 1907-1909 leitete er die erste Expedition, die „Nimrod Expedition" mit dem Ziel, den Südpol zu erreichen. Er kam nur bis zum magnetischen Südpol, aber die Gruppe bestieg zum ersten Mal den 3.794 Meter hohen Vulkan Mount Erebus. Shackleton versuchte, ein zweites Mal zum Südpol zu kommen. Bei dieser Entdeckungsreise war er nur noch 183 km von seinem Ziel entfernt, kehrte aber um, weil er seine Begleiter nicht gefährden wollte. Dennoch musste er zwei Männer zurück lassen, da sie durch Krankheiten und Hunger stark geschwächt waren. Als er in sein Basislager am McMurdo Sund kam, nahm er sofort Verbindung mit seinem Schiff „Nimrod" auf und rettete die zurückgelassenen Kameraden. Er begründete seine Entscheidung mit der Aussage: „Besser ein lebendiger Esel, als ein toter Löwe." Nach dieser Expedition wurde Ernst Shackleton zum Ritter geschlagen. 1914 kehrte Sir Ernest Shackleton in die Antarktis zurück. Das Schiff für diese Expedition verkaufte ihm Adrien Gerlache de Gomery, und Shackleton taufte es „Endurance" (Ausdauer). Gerlache unterstütze ihn auch bei den Vorbereitungen für diese historische Reise. Am 5.1.1922, bei seiner letzten Expedition, erlag er auf See einer Herzattacke. Auf Wunsch seiner Frau wurde er auf

Südgeorgien begraben.

Diese vier Männer prägten die Entdeckungsgeschichte der Antarktis auf vielfältige Weise, mal wissenschaftlich, mal tragisch, menschlich verantwortungsbewusst oder auch tollkühn. Die berühmteste aller Expeditionen war der **Wettlauf** zwischen Roald Amundsen und Robert Falcon Scott zum Südpol.

Beide Männer verfügten über sehr viel Erfahrung, um in unbekanntes Terrain vorzudringen und sich dementsprechend akribisch vorzubereiten. Die Vorbereitungen liefen unabhängig voneinander, zumal sie unterschiedliche Routen wählten.
Während Scott sein Basislager „Universitas Antarctica" am McMurdo Sund einrichtete, baute Amundsen sein Basislager 500 km entfernt am westantarktischen Rand des Ross-Schelfeises auf und nannte es „Framheim". Er hatte sich von seinem berühmten Landsmann Fridjof Nansen das Schiff „Fram" ausgeliehen. Dieses Schiff war sehr stabil gebaut und hatte sich im Packeis schon bewährt. Erst jetzt erfuhr Scott von seinem Konkurrenten und wusste, dass ihm ein Wettlauf zum Südpol bevorstand. Im Lauf des Jahres legten beide Männer Depotlager mit allen notwendigen Dingen wie Nahrung, Kocher, Kerzen, Öl, Ersatzteile für Schlitten und medizinische Geräte auf ihrer geplanten Route an. Scott richtete sogar in der Nähe des Pols - er kannte den Ort von Shackleton, der bei seiner Reise zum Südpol weit gekommen war - ein komplettes Forschungslabor ein.

Der Wettlauf begann im Oktober 1911 und es schien so, als seien die Aussichten für beide Kontrahenten gleich gewesen. Aber wieso war Amundsen dann 34 Tage eher am Südpol als Scott?

Vielleicht lag ein Grund in der unterschiedlichen Ausrüstung der Mannschaften. Amundsen hatte von den Inuit gelernt, dass die Kleidung eine bestimmte Beschaffenheit besitzen muss. Seine Anzüge betrugen ein Gewicht von nur 9 kg, waren für eine Temperatur bis zu -40°C geeignet, und trockneten nach eintretender Nässe schnell. Auch nahm er 100 Huskies als Schlittenhunde mit, die gleichzeitig zusätzliche Nahrung in der Not sein konnten. Er bewegte sich gut auf Skiern und die Erfahrungen, die er im Zusammenleben mit den Inuit in gleichartiger Natur gesammelt hatte, erwiesen sich von unschätzbarem Wert.

Die Mannschaft von Scott trug Anzüge, die doppelt so schwer waren, sich für die Kälte nicht so gut eigneten und bei Nässe kaum trockneten. Auch die Entscheidung, sibirische Ponys mitzunehmen und Motorschlitten einzusetzen, erwies sich als Fehler. Die Tiere sackten mit ihren Hufen zu tief in den Schnee ein, und die Motoren hielten den extremen Bedingungen nicht stand.

Die Strecke von Amundsen war zwar 100 km kürzer, aber er kannte sie nicht. Auf seinem Weg entdeckte er den Axel Heilberg Gletscher, den er überqueren musste, wenn er seinen Zeitplan einhalten wollte. Und das wollte er um jeden Preis. Eine Suche nach einem Umweg kam für ihn nicht in Frage. Dieser Gletscher ist sehr gefährlich und sehr steil. Durch die starke Neigung entstehen viele Gletscherspalten und an seinem Fuß türmen sich 10 Meter hohe Eisblöcke. Die Gruppe konnte damals den Gletscher nur mit größten Schwierigkeiten überqueren, zumal sie nur noch 42 Hunde hatten. Dadurch wurde das Tempo der Expedition stark verringert. Amundsen trieb seine Mannschaft und Hunde bis zur totalen Erschöpfung an, nur um seinen Zeitplan einhalten zu können. Als sie dann das Hochplateau erreicht hatten, lagen ihnen kein Gletscher und kein Berg mehr im Weg. Am 14.12.1911 erreichten er und vier Begleiter als erster in der Geschichte der Antarktis den Südpol. Roald Amundsen hisste eine norwegische Fahne, und stellte eine Bronzetafel auf, in die sein Name und das Datum seiner Ankunft am Südpol eingraviert waren. Er baute eine Schneepyramide, und er schrieb einen Brief an Robert Falcon Scott. Natürlich wurde auch ein Foto für die Presse gemacht. Die Rückkehr war nicht mehr schwierig, sie hatten genug Nahrung, und das Hochgefühl des Erfolges machte die gefürchtete Überquerung des Axel Heilberg Gletscher zu einem „fidelen Skilanglauf", wie Amundsen in seinem Tagebuch schrieb.

Etliche Kilometer weiter östlich spielte sich zu dieser Zeit ein beispielloses Drama ab. Schon auf der Hälfte des Weges waren Scott und seine Begleiter erheblich erschöpft, und außerdem zeigten sich bei ihnen erste Anzeichen von Skorbut. Alle Ponys waren bereits tot und die Motorschlitten mussten sogar schon nach wenigen Kilometern aufgegeben werden. Die Männer waren gezwungen, ihre Schlitten mit der Ausrüstung selber zu ziehen. Zu allem Übel verschlechterte sich das Wetter zunehmend. Trotz dieser gravierenden Behinderungen erreichte Scott mit seinen vier Männern am 17.1.1912 den Südpol. Es war für ihn besonders tragisch, als er erkennen musste, dass sein Erzrivale und Kontrahent schon da gewesen war, und ihm einen Brief hinterlassen hatte. Zu der totalen Erschöpfung kam noch diese Demütigung hinzu. Die Gruppe hisste ihre Fahne und machten für die Nachwelt ein Foto; der Beweis, dass sie wirklich dort waren. Scott schrieb in sein Tagebuch: „Großer Gott! Was für ein fürchterlicher Ort. Der Gedanke erster zu sein trieb uns an, weckte unsere letzten Lebensgeister, brachte uns Hoffnung. Nun geht es heimzu und zu einem verzweifelten Kampf. Ich bezweifele, ob wir es schaffen können." Er sollte, unglücklicherweise, Recht behalten; der Rückweg wurde zur Folter. Der Skorbut verschlimmerte sich, und es stellten sich bei allen schwere Erfrierungen ein. Auch weil der lebenswichtige Brennspiritus verbraucht war. Schneeblindheit, totale Erschöpfung, das gnadenlose Wetter mit Schneestürmen und Kälte verringerten ebenfalls die Chance, zu überleben. Der Lebenswille war gebrochen. Alle Expeditionsmitglieder kamen ums Leben - 18 km von ihrem Depot entfernt. Scotts letzter Eintrag im Tagebuch war: „Jeden Tag waren wir bereit, nach unserem 11 Meilen entfernten Depot aufzubrechen, aber vor unserem Zelt ist die Landschaft ein einziges wirbelndes Schneegestöber. Wir haben die Hoffnung auf Besserung aufgegeben. Wir werden es bis zum Ende ertragen, aber natürlich werden wir jeden Tag schwächer, und unser Tod kann nicht mehr weit sein. Es ist ein Jammer, aber ich glaube, dass ich nicht mehr schreiben kann. Um Gottes Willen, sorgt für unsere Hinterbliebenen!" Einige Zeit später barg die Mannschaft der „Terra Novo", Scotts Schiff, die Toten. Sie fanden im Gepäck neben Dokumenten und Aufzeichnungen 18 kg gesammelte Steine für die Forschung. Die Verstorbenen hatten diese Steine trotz ihrer Erschöpfung die ganze Zeit mit sich getragen.

Roald Amundsen erreichte am 30. Januar 1912 das Basislager „Framheim" und kehrte unbeschadet nach Norwegen zurück. Dort erzählte man ihm, dass Scott vermisst wurde. Einige Monate später erfuhr er von seinem Tod, und seine gesamte Mannschaft der Südpolexpedition erwies Robert Falcon Scott bei seiner Beerdigung die letzte Ehre.

Ich bedaure es sehr, dass die „Nordnorge" diesen wunderbaren Ort schon verlassen muss, aber die Anlandung am Port-

offenes Meer

Lockroy soll noch nachmittags stattfinden. Bei der Rückfahrt durchquert das Schiff nicht noch einmal den Lemaire-Kanal, sondern es steuert westlich der Booth Island in Richtung Anvers Island. Die Lufttemperatur beträgt +5°C und es weht ein rauer Wind der Stärke 7. Ich liebe dieses raue Klima und auf dem Schiff bin ich ja sicher aufgehoben. Ich finde es herrlich, wenn der Wind mir um die Nase weht, und ich empfinde die salzige Seeluft angenehm auf meinem Gesicht.

Bis wir Port Lockroy erreichen, dauert es noch eine Weile. Ich bereite Postkarten vor und bitte Frau Kreiter, sie mitzunehmen. Dort ist nämlich das südlichste Postamt der Welt, und ich möchte einigen Freunden auf diese Weise, einen, wie ich finde, originellen Gruß senden.

Die „Nordnorge" erreicht Wiencke Island, an deren Westseite Port Lockroy liegt. Dieser natürliche Hafen öffnet sich nach Westen nur zum Neumayerkanal und wieder erlebe ich eine wunderschöne Gletscherwelt. Ich kann nicht genug von diesem Anblick bekommen, zumal die Gletscher ihren Reiz nie verlieren; egal wie das Wetter ist.

Es bereitet mir immer wieder großes Vergnügen, auf „Außen-

*deck fünf" zu sitzen, den Anblick und die Ruhe zu genießen
und meinen Gedanken nachzuhängen.*
*Mich beschäftigt noch der Film von gestern Abend über die
Expedition mit Sir Ernest Shackleton und der „Endurance".*

Sir Ernest Shackleton nahm an, dass Amundsen und Scott
den Südpol erreichen würden, und wollte nun als erster den
Kontinent überqueren. Er beschloss, über das Weddellmeer
zum Festland zu kommen, zum Südpol zu gehen und dann
der Route von Scott zum McMurdo Sund zu folgen, die er
zum Teil kannte. Am 1.8.1914 startete er mit der „Endurance" von London aus nach Süden. Er nahm 27 Männer und
69 Schlittenhunde mit. Auch fehlte es nicht an einer sorgfäl-
tig zusammengestellten Ausrüstung und Nahrung für lange
Zeit. Obwohl norwegische Walfänger auf eine ungewöhnliche Menge Packeis hinwiesen, ließ sich Shackleton nicht
beirren. Nach viereinhalb Monaten (10.1.1915) erreichte die
„Endurance" das Weddellmeer und wurde bereits neun Tage
später in diesem Packeis eingeschlossen.

Von da an begann ein spektakulärer Überlebenskampf, der
als beispiellos in die Geschichte einging.

Das Packeis drückte in kreisenden Bewegungen gegen die
Antarktische Halbinsel, wodurch die „Endurance" von 77°
südliche Breite zu 61° zurück driftete. Das Schiff war einem
enormen Druck ausgesetzt und die Männer mussten hilflos
mit ansehen, wie die „Endurance" am 27.10.1915 vom Eis
zerdrückt wurde. Drei Tage später brach die Mannschaft auf
in der Hoffnung, über das feste Eis Paulet Island zu erreichen. Die Hunde, Rettungsboote und die noch vorhandenen, dringend notwendigen Ausrüstungsgegenstände, wie
Nahrung, Kocher, Kerzen, Öl, Brennspiritus, Decken und
Kleidung nahmen sie mit. Alles andere, auch die Motor-

schlitten, ließen sie zurück. Shackleton schrieb in sein Tagebuch: „Die Wirkung des Druckes rundherum war furchterregend, mächtige Eisblöcke festgehalten zwischen zusammenstoßenden Eisfeldern, erhoben sich langsam, bis sie wie Kirschkerne emporschnellten, die man zwischen Daumen und Finger presst. Der Druck von Millionen Tonnen sich bewegenden Eises zermalmte und vernichtete alles unerbittlich."

Der Überlebenskampf begann, und von nun an stellte Shackleton seine ungewöhnliche Qualität als willensstarke, durchsetzungsfähige, kreative, humane und psychisch kluge Führungspersönlichkeit unter Beweis.

Die Männer waren gut ausgesucht und wussten, was sie tun mussten. Shackleton schaffte es aber immer wieder, sie zu Höchstleitungen zu motivieren. Er duldete keine Revolte innerhalb der Gruppe, sondern hielt sie konsequent und mit harter Hand zusammen. Er kümmerte sich aber auch fürsorglich um sie, indem er z.B. darauf achtete, dass sie die notwendige Nahrung und heiße Getränke zu sich nahmen, und ihre Moral auch in den schwierigsten Situationen nie nachließ. Er stand zu falschen Entscheidungen, wie z.B. die, Deception Island anzusteuern, und revidierte sie. Er schonte sich ebenfalls nicht, körperlich so hart zu arbeiten, wie die ganze Mannschaft. Er „wachte" über seine Beglei-ter: So sorgte er immer wieder dafür, dass sie unter freiem Himmel vor Erschöpfung nicht lange schliefen. Nach fünf Minuten weckte er sie auf, und gab ihnen dann den Anschein, als hätten sie eine halbe Stunde geschlafen. So versuchte er, Erfrierungen vorzubeugen, und gab ihnen das Gefühl von Erholung. Mit der Zeit schaffte er es, dass diese abgehärteten Männer ihm und seinen ungewöhnlichen Fähigkeiten ihr Leben vorbehaltlos anvertrauten. Solange die Gruppe auf festem Eis war, konnten sie zu Fuß gehen und die Boote mit sich ziehen. Bis zum 8.4.1916 richteten sie immer wieder Lager auf dem Eis ein. Es bestand aber die Gefahr, dass das Eis auseinanderbrach, und sie auf einer Scholle gefangen waren. Sie mussten also sehr wachsam sein und immer schnell reagieren können. Als dann das Eis abschmolz, wagten sie es, mit den Rettungsbooten auszubrechen. Shackleton beschloss zuerst, Deception Island an der Westküste der Antarktischen Halbinsel anzusteuern, da dort ein geschützter und bekannter Hafen war, aber er revidierte dennoch seine Meinung. Er berücksichtigte die Müdigkeit der Männer. Elefant Island lag näher, es gab jedoch keinen Hafen dort. Mit den kleinen Rettungsbooten überquerten die 28 Männer ein Seegebiet, das heute noch als das gefährlichste und raueste der Welt gilt. Am 15.4.1916 erreichte die gesamte Mannschaft die Küste von Elefant Island, die völlig unbewohnt war. Sie würden nur durch Zufall entdeckt werden können.

So entschied dieser ungewöhnliche Mann Shackleton, mit fünf Begleitern, auf der 700 km weit entfernten Insel Südgeorgien Hilfe zu holen. Er wählte diese Insel, da sie im Nordwesten von Elefant Island lag, und sie den Wind, der vorwiegend von Westen kam, nutzen konnten.

Am 24.4.1916 brachen die sechs Männer mit dem Boot „James Caird" auf. Sie erreichten nach 15 Tagen auf See Südgeorgien, dank der hervorragenden Erfahrungen und Kenntnisse in der Navigation Frank Wosleys; aber an der Südwestküste. Die Stationen der Walfänger lagen jedoch auf der anderen Seite, im Nordosten. Sie waren gezwungen, die Insel zu überqueren, um zu den bewohnten Gebieten zu kommen. Diese erschöpften und ausgehungerten Menschen brachten es fertig, ohne Pause 36 Stunden über

Gletscher und Berge zu laufen, die noch nie jemand betreten hatte.

Am 20.5.1916 kamen sie im Ort Stromness an. Shackleton sagte zu den verblüfften Bewohnern der Station nur: „Ich bin Ernest Shackleton", und schlief ein. Schon kurze Zeit später charterte er nacheinander mehrere Schiffe, um seine zurückgebliebene Mannschaft auf Elefant Island zu retten. Doch erst der vierte Versuch mit dem chilenischen Frachter unter Kapitän Luis Pardo gelang. Am 30.8.1916 kam der Frachter an die Küste von Elefant Island: Alle Menschen lebten und wurden geborgen. Die 22 Männer auf Elefant Island hatten 4 Monate und 15 Tage auf dieser Insel überlebt. Sie kippten die Rettungsboote um, die ihnen so als schützende Behausung dienten. Sie aßen Pinguin- und Robbenfleisch und versuchten Körper und Geist wach zu halten. Sie überstanden unvorstellbare Strapazen, denn sie vertrauten darauf: Ihr Chef würde sie retten.

Sir Ernest Shackleton war noch einer anderen Mannschaft verpflichtet. Er konnte sein Vorhaben, den Kontinent zu durchqueren, nur realisieren, wenn eine Unterstützungsexpedition vom McMurdo Sund aus auf der Strecke zum Südpol innerhalb von zwei Jahren zusätzliche Depots anlegte.

Diese Expedition stand unter einem unglücklichen Stern. Ehe alle Vorräte von dem Schiff „Aurora" abgeladen werden konnten, trieb dieses ab. Man vermutete sogar, dass es mit den restlichen Seemännern gesunken war. Dennoch nahmen die Abenteurer ihre Arbeit verantwortungsbewusst wahr, und errichteten mit den Vorräten, die sie hatten, soviele Depots, wie möglich. Sie gingen davon aus, dass das Leben Shackletons und seiner Mannschaft von ihrer Arbeit abhing. Sie wussten nichts von dem Drama, das sich im Weddellmeer abgespielt hatte. Da ihr

Schiff „Aurora" nicht mehr da war, begann auch für sie ein Überlebenskampf. Drei von zehn Männern starben. Am 10.1.1917 tauchte die „Aurora" überraschend wieder auf: Mit Sir Ernest Shackleton an Bord. Er brachte sieben Menschen und drei Hunde wieder nach Hause; 4 Monate und 11 Tage nach der strapaziösen Rettungsaktion seiner Leute auf Elefant Island. Sir Ernest Shackleton hatte auch die Mitglieder der Unterstützungsexpedition nicht vergessen.

Viele Zeitgenossen waren beeindruckt von der besonnenen und mutigen Handlungsweise dieses Mannes. Selbst Roald Amundsen konnte nicht umhin, ihm Respekt zu zollen. Frank Wild, der die letzte Expedition von Shackleton nach seinem Tod übernahm, sagte in einer Rede: "Ich bin in der einzigartigen Situation, seit meiner ersten Reise mit der „Discovery" unter allen berühmten britischen Antarktisforschern gedient und damit einen persönlichen und detaillierten Eindruck ihrer Fähigkeiten erhalten zu haben. Meine Meinung ist, dass in den Punkten Führungsqualität, Organisationstalent, Mut im Angesicht großer Gefahr und der Fähigkeit, Schwierigkeiten zu überwinden, Shackleton unter allen hervorsticht und als bester Forscher seines Zeitalters gelten muss." Bezeichnend ist auch das Zitat von Apsley Cherry-Garrard: „Gebt mir Scott als wissenschaftlich-geographischen Expeditionsleiter, gebt mir Amundsen für eine rasche und effiziente Polar-Expedition, aber gebt mir Shackleton, wenn es das Schicksal gegen mich verschworen zu haben scheint und ich einen Ausweg suche."

Bis heute hat sich dieser Ruf von Sir Ernest Shackleton erhalten. In der Erlebnispädagogik ist er ein Symbol für beispielhafte Charaktereigenschaften wie Standhaftigkeit, Verantwortungsbewusstsein und gleichzeitig vitale Kreativität geworden. Er verstand unter Führung nicht Hierarchie, sondern er erkannte schon früh Methoden zur Motivation von Menschen und beachtete dabei die Balance zwischen Körper und Geist; auch in extremen Situationen.

Frau Kreiter hat die Karten mitgenommen, während ich mit meinem Fernglas die Anlandung der „Roten Jacken" beobachte. Der Kiosk, in dem neben dem Postamt auch ein Museum untergebracht ist, liegt auf einer kleinen felsigen Insel, auf der sich auch Eselspinguine befinden. Ich halte aber Ausschau nach anderen Vögeln, die hier nisten sollen; Blauaugenkormorane, Seeschwalben und Skuas. Leider ohne Erfolg. Ich habe mir vorgestellt, dass viele Seevögel die „Nordnorge" begleiten, aber das ist ebenso wenig der Fall, wie es auch die Wale nicht tun.

Frau Kreiter gab meine Karten ab und hat mir wieder viel zu erzählen: „Es war sehr mühsam, auf dem steinigen und steilen Weg, vorbei an Pinguinen, zu dem Postamt zu kommen. Der Raum ist sehr klein und gefüllt mit den Touristen unseres Schiffes. So bin ich zunächst um das Haus herum gelaufen."

„In der Blütezeit der Robben- und Walfänger haben die Schiffe in diesem geschützten Hafen Zuflucht gesucht. Vor allem die Briten waren sehr präsent. 1943 versuchten die Argentinier ihren Anspruch auf dieses Gebiet geltend zu machen, indem sie einen Metallzylinder mit Dokumenten und Aufzeichnungen in einen Felsen schlugen. Doch dieser Zylinder wurde nie gefunden. Der Anspruch von den Briten wurde deshalb legitimiert, da sie eine Forschungsstation errichtet hatten: Das „Bransfield House". Bis 1962 wurden hier topographische und geologische Kartierungen vorgenommen. Auch das Wetter und die Botanik wurden hier erforscht. Seit 1962 ist dieser Ort offiziell eine historische Stätte."

„An der Rückseite des Hauses entdeckte ich etwas Erstaunliches. An der Wand ist ein lebensgroßes Bild von Marilyn Monroe zu sehen. Die langen, kalten Winternächte waren

wohl sehr einsam für die Männer."

„In der Saison lebt hier ein Ehepaar aus Chile. Es stempelt die Post ab und gibt sie dem Schiff für den Transport wieder mit. Auch kann das Paar erste Hilfe leisten; dieses Gebäude ist dafür ausgerüstet. Einige Schiffe suchen hier Unterschlupf, da dieser Hafen sehr geschützt liegt."

Ich bin Frau Kreiter dankbar, dass sie mir meinen Wunsch erfüllt hat. Ich erfahre später, dass die Post die Adressaten wirklich erreicht hat.

Ehe die „Nordnorge" diesen kleinen Hafen verlässt, nehme ich noch voller Freude einen wunderbaren, gelb leuchtenden Himmel wahr, den ich hier bisher noch nicht sah. Und ich fotografiere und fotografiere. Die Motive sind auch wegen des Lichtes sehr verführerisch, und nehmen kein Ende.

Die „Nordnorge" nimmt wieder Fahrt auf und steuert den Neumayerkanal an, den wir in den nächsten Stunden durchqueren. Der Name Neumayer klingt sehr deutsch, es müssen sich auch Deutsche in der Antarktis aufgehalten haben.

So war es auch. Deutsche Abenteurer tummelten sich ebenfalls in der Antarktis. So führte **Erich von Drygalski**, geboren 1865 in Königsberg, 1901 die erste deutsche Antarktisexpedition durch, und entdeckte das Kaiser-Wilhelm II.-Land in der östlichen Antarktis. Während das Schiff im Eis festlag, unternahmen die Teilnehmer ausgedehnte Schlittenfahrten und eine Ballonfahrt zur Erkundung der Antarktis. Erst 1903 gab das Eis das Schiff wieder frei. Erich von Drygalski starb 1949 in München.

Ein anderer Entdecker war **Wilhelm Filchner**. Er wurde 1877 in München geboren. Zuerst konzentrierte er sich auf Tibet und Pamir im Himalaya, ehe er seine erste Polarexpedition nach Spitzbergen machte, um Material für eine Antarktisexpedition zu testen. Am 9.5.1911 verließ er

Hamburg mit dem Schiff „Deutschland", ein ehemaliges norwegisches Polarschiff. Die „Deutschland" segelte über Buenos Aires nach Südgeorgien. Von da aus begann die zweite deutsche Entdeckungsreise. 1911-1912 erforschte Filchner das Weddellmeer. Er entdeckte das Prinzregent-Luitpold Land und fuhr 350 km an einer Eisbarriere entlang, dem heutigen Filchner Schelfeis, das an der Ostseite des Weddellmeeres liegt. Es gelang ihm nicht, dort eine Überwinterungsmöglichkeit zu errichten, denn er wurde am 9.3.1912 vom Packeis eingeschlossen, wie Sir Ernest Shackleton nach ihm. Nur mit viel Glück entkam er dessen Schicksal; das Eis driftete die „Deutschland" in die Richtung Südgeorgiens, welches er nach 9 Monaten, im Dezember 1912, wohlbehalten erreichte. Er sollte nie wieder in die Antarktis reisen. Er widmete sich wieder den Ländern Tibet und Indien. 1951 kehrte er nach Europa zurück und starb 1957 in Zürich.

Der berühmteste deutsche Entdecker aber war **Georg Balthasar von Neumayer**. Er war nur ein Mal in der Antarktis; 1901 war er Mitglied der ersten deutschen Expedition mit dem Schiff „Gaus". Er wurde 1826 in der Pfalz geboren und sollte weniger wegen seiner Teilnahme an der Expedition bekanntwerden, als wegen seiner Initiativen für internationale Zusammenarbeit in der Forschung. 1853 gründete er ein geophysikalisches Observatorium in Melbourne und führte dort erdmagnetische, meteorologische und astrologische Studien durch. Er war von 1879-1903 der erste Direktor der Sternwarte in Hamburg und ab 1879 zusätzlich Vorsitzender der Polarkommission. Er war maßgeblich daran beteiligt, dass 1882/1883 der erste Polarkongress stattfand, mit dem Ziel, in internationaler Zusammenarbeit die Pole zu erforschen. 1895 konnte Adrien Gerlache de Gomery am 6. Polarkongress von dieser Einrichtung profitieren. Georg Balthasar von Neumayer starb 1909 in Neustadt. Ihm zu Ehren ist die deutsche Ganzjahresstation an der Atkabucht am Weddellmeer benannt. Die „Neumayer III" Station wird dort im Augenblick neu errichtet.

Ich bin außerordentlich beeindruckt, mit welchem Wissensdurst und Tatendrang diese Menschen die Antarktis eroberten. Sie haben dafür enorme Entfernungen zurückgelegt und unglaubliche körperliche Anstrengungen unter widrigen Bedingungen ausgehalten. Schließlich gab es noch keinen Jet, kein Navigationsgerät, keine Astronautennahrung, keine Wärmefolie... Was für geistige Herausforderungen müssen diese Unternehmungen gewesen sein.

Jetzt habe ich mich genug mit den Abenteurern vergangener Zeiten beschäftigt und ich widme mich erneut der herrlichen Landschaft, die mich umgibt. Wir haben den Neumayerkanal erreicht, und wie ich nun weiß, ist er nach unserem berühmten Vorfahren benannt worden. Die Durchfahrt wird etwa zwei Stunden betragen.

Der Lemaire-Kanal ist durch die unmittelbare Nähe der Eiswände und die Gefahr des Packeises spektakulär. Ich habe ihn als aufregendes Naturereignis erlebt.

Die Fahrt durch den Neumayerkanal empfinde ich ganz anders. Auch hier fährt die „Nordnorge" an steilen Eiswänden entlang, auch hier bahnt sich das Schiff seinen Weg durch Treibeis. Aber der Kanal ist länger, und breiter, und in diesem offenen Panoramablick liegt sein außergewöhnlicher Reiz.

Die Seestraße ist bis zu 4 km breit und 30 km lang. Eine wunderschöne Schneelandschaft, die sich an den Ufern des Kanals ausdehnt, zieht an mir vorbei und ich nehme diese Schönheit besinnlich in mich auf. Ich kann sie besonders genießen, weil mir das Wetter hold ist; die Temperaturen

betragen +5°C und es weht ein tüchtiger Wind der Stärke 6.
Ich sehe steile Bergflanken, die sich bis zu 1.000 Meter hinauf-
ziehen. Hohe Berge, der Mount Francais (2.821 Meter) und
den Mount Agamemnon (2.572 Meter), erheben sich majestätisch aus diesen Flanken empor. Von dem großartigen Bergpanorama erstrecken sich riesige Gletscherfelder hinunter, die
über steile Eisabbrüche ins Wasser fallen. Mir fällt auf, dass in
diesen strahlenden weißblauen Eiswänden viele Gletschertore
sind, und ihnen etwas Dunkles, Geheimnisvolles geben.
Formschöne kleine Eisberge schwimmen an dem Schiff vorbei.
Ein Berg hat es mir besonders angetan. Es ist ein kleiner
Tafeleisberg, der auf seiner Plattform einen spitzen blauviolet-
ten Hügel mit sich trägt. An diesem Wunder fährt im Augen-
blick auch noch ein dunkelrotes Schlauchboot entlang. Dieser
Anblick ist einfach nur schön. Ich bummel voller Freude auf
„Außendeck fünf“ herum; ich will keinen Eisberg und kein
Gletscherfeld versäumen.
Die „Nordnorge“ verlässt langsam den Neumayerkanal und
erreicht wieder die Gerlache-Straße, durch die wir in der
Nacht weiter nach Norden fahren werden.
Das „Briefing“ bereitet mich auf einen neuen Höhepunkt vor.
Morgen erreichen wir Half Moon Island, an dem die schönste
Kolonie der Zügelpinguine in der Antarktis ihre Heimat hat.
Ob wir heute etwas Zeit gewonnen haben?

Kapitel 5
Half Moon Island

Pinguine und andere Lebewesen

„Die sind wirklich wie Kinder, diese kleinen Leute der Antarktis, oder kindische alte Männer, wie mans nimmt: Von sich selbst überzeugt, unpünktlich beim Essen, mit schwarzem Frack unter weißer Schürze aber trotzdem ziemlich stattliche Burschen."
(Apsley Cherry-Garrard, britischer Polarforscher)

Wieder gleitet die „Nordnorge" ruhig durch die Nacht und ich habe gut geschlafen. Manchmal ist der Wind etwas rau, aber das antarktische Wetter, so wie ich es mir vorab vorgestellt habe, eiskalt und stürmisch, ist mir bisher noch nicht beschert worden. Vielleicht ist es auch gut so, denn ich weiß nicht, ob ich seefest bin. Bisher habe ich eine ungewöhnlich schöne Natur erlebt und ich kann mir im Augenblick nicht vorstellen, dass diese noch übertroffen werden kann. Andererseits bin ich

Gletscherwelt von Half Moon Island

noch zwei Tage hier... Nur eins durfte ich bisher nicht erleben: Die Sichtung von Walen. Vielleicht habe ich heute das Vergnügen.

Am frühen Nachmittag erreicht die „Nordnorge" Half Moon Island und das Wetter bereitet mir heute wieder sehr viel Freude. Die Sonne strahlt vom blauen Himmel, es sind +6°C und der Wind weht mit Stärke 4. Im Augenblick konzentriere ich mich auf meinen Landgang; ich möchte die Zügelpinguine in ihrem Revier beobachten.

Half Moon Island liegt in der Mondbucht an der Ostküste von Livingston Island und hat die Form eines Halbmondes. Charakteristisch ist der eigenwillige Felsen.

Bevor ich auf die Insel gehen kann, muss ich mich „landfein" machen. In einem Raum an dem wackeligen Steg zum „Zodiac" werden grüne Gummistiefel und rote Rettungswesten zur Verfügung gestellt, und beides ziehe ich jetzt an. Mit dieser Kluft muss ich noch durch eine Desinfektionswanne laufen und darf dann erst in das „Ungetüm" steigen. Das Betreten des antarktischen Bodens durch die Menschen birgt die große Gefahr, dass das Land kontaminiert wird. Natürlich muss dieses so gut wie möglich verhindert werden, sonst kann die Natur großen Schaden nehmen.

Damit das Ausbooten gerecht und geordnet gewährleistet werden kann, sind wir Touristen am Anfang der Reise in Gruppen aufgeteilt worden. In einem Rotationsprinzip können sie dann einmal auf der Reise als erste an Land gehen, dann als zweite usw.

Da ich heute am Anfang ausgebootet werde, hebe ich mir meinen Rundblick über die Mondbucht von „Außendeck fünf" für später auf. Dann habe ich mehr Muße, zumal das Wetter beständig bleiben soll. Die Pinguinkolonie liegt auf diesem steilen Felsen, von dem aus eine „Pinguinautobahn" durch ein Schneefeld ins Meer führt. Zwei Bahnen liegen dicht nebeneinander und sorgen für einen geregelten Ver-

kehr ins und aus dem Meer. Auf der einen Bahn rutschen die Vögel hinunter, auf der anderen watscheln sie mit ihrem unnachahmlichen Gang nach oben. Man muss diese Vögel einfach mögen, auch wenn sie mir heute dieses Schauspiel nicht gönnen. Ich habe es aber noch gut vom Neko-Harbour im Gedächtnis.

Ich stapfe um ein anderes Schneefeld herum auf den Grat am Rand des Felsens und beobachte in respektvollem Abstand die Tiere in ihrem Revier. Auch hier faszinieren mich wieder die Vögel, die in ihrem typischen „Frackkleid" so elegant und zivilisiert wirken, aber eben doch wilde Tiere sind. Ganz deutlich sehe ich das spezielle Merkmal der Zügelpinguine.

Die „Pinguinautobahn" ist ein Hinweis dafür, welche Ordnung im Leben dieser Vögel herrscht. Bevor ich aber über Pinguine berichte, muss die Frage gestellt werden: Wie ist es möglich, dass an diesem extrem kalten Ort Leben stattfinden kann?

Nahrungskette

Schon in Kapitel zwei habe ich das System der Meeresströmungen erklärt. Dieses System bringt nicht nur Wärme, sondern auch einen reichhaltigen Vorrat an Nährstoffen in das Südpolarmeer. Diese Nährstoffe, Produkte von biologischem Zerfall, düngen die Ozeane und halten eine große Produktivität aufrecht. Die Energie, die diese Produktion antreibt, ist das Sonnenlicht. Eine Art der Algen, das **Phytoplankton** nutzt dieses Licht und verwandelt einfache chemische Stoffe durch Photosynthese in biologisches Material: Das Gras des Meeres. Auf diesen Weiden grasen alle anderen Lebewesen, direkt oder indirekt. Damit beginnt eine einzigartige **Nahrungskette**. Wenn das Sonnenlicht nach dem langen Winter zurückkehrt, wuchert das Plankton mit rasanter Geschwindigkeit. Das Phänomen wird die „Frühlingsblüte" genannt, und die Größe der Flächen wird von den im Wasser vorhandenen Nährstoffen bestimmt. Dieser Prozess wird von der jährlichen Eisbildung im Südpolarmeer unterstützt. Das Eis ist eine Isolierschicht gegen den Wärmeverlust des Wassers und behindert auch die Ausbreitung des Sonnenlichts. Eine Vielzahl von Mikroorganismen, hauptsächlich spezielle Algen, nutzt sogar dieses karge Licht für ihre Photosynthese und vermehrt sich über den Winter im Packeis. Wenn sie dann beim Abschmelzen des Eises ins freie Wasser gelangen, bilden sie die Grundlage für die „Frühlingsblüte" des Phytoplanktons. Das Vorkommen dieser Nährstoffe und des Phytoplanktons zieht den **Krill** an: Der Dreh- und Angelpunkt der Nahrungskette, an dessen Ende die Schwertwale und Seeleoparden stehen.

Krill

Das Krill, eine Art von Krebstieren, ist für die Nahrung der Tierwelt in der Antarktis unerlässlich, und auch die Menschen waren an dieser eiweißreichen Nahrung interessiert. Doch ohne großen Erfolg. Diese Tiere enthalten viel Schwefelsulfat und sind dadurch für uns ungenießbar. Es gibt 85 Arten von Krill. In der Antarktis leben vorwiegend die „**Euphasia superba**". Er ist 6 cm groß, kann bis zu 7 Jahre alt werden und lebt in riesigen Schwärmen. Die Mengen, die von den anderen Tieren gefressen werden, sind gigantisch. Kalmare (Tintenfische) konsumieren 100-106 mt (mt = metrische Tonne: 1mt = 1.000kg), Bartenwale 40-106 Mio. mt, und der Krabbenrobbenfresser 80-106 Mio. mt im Jahr. Seit die Anzahl der Bartenwale abgenommen hat, haben im gleichen Zeitraum die Zahlen der Krabbenrobbenfresser zugenommen. Es besteht also ein Kampf um das kostbare Gut Krill und es gibt an die 100 Arten Meerestiere in der Antarktis, die darum kämpfen.

Pinguine

Die bekanntesten Lebewesen in der Antarktis und Subantarktis sind die **Pinguine**. Es gibt im Ganzen 17 Arten. Die Namen zeigen oft, dass sie nicht nur in der Antarktis leben, sondern im weiten Raum der südlichen Halbkugel unserer Erde. Der Galapagospinguin lebt auf den Galapagosinseln am Äquator, der Brillenpinguin in Südafrika, der Zwergpinguin in Australien und Neuseeland, der Magellanpinguin an der Magellanstraße in Südamerika und der Humboldtpinguin am Humboldtstrom, an der Küste Chiles. Nicht nur diese Tiere sind durch den Eingriff der Menschen in ihrem natürlichen Lebensbereich vom Aussterben bedroht, sondern auch der Eselspinguin.

In der Antarktis haben sechs **Pinguinarten** ihre Heimat. Wie können diese Tiere, die Vögel sind, in der extremen Kälte überleben?

In mehreren Millionen Jahren haben sich die **Vögel** dem Leben im Meer angepasst. Sie sind ausgezeichnete **Schwimmer**. Ihre Flügel haben sich zu Flossen verwandelt und der ganze Körper hat eine strömungsgünstige Spindelform angenommen. Deswegen bewegen sie sich mit ihren zwei kurzen Beinen an Land tapsig und langsam. Wenn sie sich mal schneller bewegen müssen, werfen sie sich auf ihren Bauch und setzen Flossen und Beine geschickt ein, um davon zu flitzen. Bei ihren Aufstiegen an Eisbergen

Tierwelt der Antarktis

oder Felsen benutzen sie ihre stabilen Schnäbel als Pickel und ziehen Flossen und Beine hinterher. Im Wasser bewegen sie sich wie Delfine, elegant und schnell. Sie sind auch sehr gute Taucher. Ein **Kaiserpinguin** kann bis 500 Meter tief tauchen, und dabei 20 Minuten die Luft anhalten. Ein **Adeliepinguin** kann kurze Zeit 240 Meter tief tauchen, meistens aber nur 90 Meter. Der Tauchgang ist möglich, da sie ihre Körpertemperatur absenken und sich dadurch ihr Stoffwechsel verlangsamt. Infolgedessen brauchen sie nicht viel Luft aus ihren **Luftsäcken** aufzunehmen. Bei tiefem Tauchen ist dieser Vorgang aber ein Schutzmechanismus gegen die Stickstoffansammlung im Blut (Taucherkrankheit), die sie in ihren Lungen mit in die Tiefe nehmen. Die Luftsäcke machen es auch möglich, ohne viel Anstrengung wieder an die Oberfläche zu kommen.

Ein anderer **Grund**, warum sich die Vögel so gut im Wasser bewegen, ist der stromlinienförmige Körperbau. Der Strömungswiderstand ist dreimal geringer als der eines modernen U-Boots. Zusätzlich besitzt der Körper eine

Wellenstruktur. Das heißt: Schmaler Schnabel, abgerundeter, breiter Kopf, etwas dünnerer Hals, gefolgt von einem dickeren Körper. Zusammen mit ihrem Gefieder bewirkt dieser Körperbau, dass die Strömung eng an ihm anliegt und nicht zu früh abreißt. Es entstehen so keine Wasseraufwirbelungen. Deswegen können Pinguine 100 Kilometer am Tag schwimmend zurücklegen, ohne viel Energie zu verbrauchen. Ihre Höchstgeschwindigkeit kann 7 Meter pro Sekunde erreichen.

Wenn die Pinguine aus dem Wasser an Land gehen, ist es besonders wichtig, dass sie ihr **Gefieder** pflegen. Dieses „Frackkleid" sieht nicht nur hinreißend aus, sondern hat auch eine geniale Struktur, die sie vor der Kälte schützt. Die äußeren Federn sind etwa 3 cm lang, leicht gekrümmt und dachziegelförmig angeordnet. Darunter liegt ein dichtes, wärmedämmendes Daunenkleid. Zusammen mit einer sehr dicken Fettschicht, die wiederum darunter liegt, ist diese Struktur eine perfekte Isolation gegen die Kälte. Selbst frisch gefallener Schnee bleibt auf dem Gefieder liegen, ohne zu schmelzen; obwohl die Pinguine selber eine Körpertemperatur zwischen 35° und 39°C haben. Unterstützt wird dieser Schutz durch die intensive Pflege nach einem Bad. Jede einzelne Feder wird geputzt und mit Öl, welches sie aus ihrer eigenen **Öldrüse** nehmen, beträufelt. Dadurch wird das Gefieder wasser- und winddicht. Außerdem wird so verhindert, dass Bakterien, Pilze und Algen sich auf dem Gefieder festsetzen.

Nicht nur das **Federkleid** schützt sie vor der **Kälte**, sondern ihr Verhalten trägt auch dazu bei. Pinguine halten sich im Winter, wo immer es geht, im Windschatten von Eisbergen oder Eiskanten am Schelfeis auf. Oder sie rücken ganz dicht zusammen und tauschen regelmäßig ihre Positionen. Durch diesen ständigen Kreislauf gelangen die Tiere immer wieder aus den Außenbezirken in das wärmende Zentrum der Gruppe. Gegen die Bodenkälte schützen die Füße, die kaum durchblutet sind. Sie haben außerdem eine sehr dicke Hornhaut die durch einen Wärmeaustauscher warm gehalten wird. Ebenso geschieht es mit der Atemluft. Sie wird durch einen Wärmeaustauscher warm gehalten; 80% der ansonsten abgeatmeten Wärme wird so zurückgehalten.

Auch gegen zu hohe Temperaturen kann der Pinguin etwas tun. Wenn die Sonne scheint, spreizen sie das Gefieder; die Körperoberfläche wird größer und kühlt ab. Durch das Schlagen der Flügel wird eine weitere Abkühlung erreicht. Auch kann sich das Daunenkleid sträuben und so die Wärmeisolation reduzieren. Reichen diese Verhaltensweisen nicht aus, hecheln sie wie ein Hund.

Bevor die Pinguine ihren **Nachwuchs** aufziehen, müssen sie sich eine dicke Fettschicht anfressen, denn sie können bei ihrer Aufgabe 1/3 ihres Gewichtes verlieren. Die antarktischen Arten fressen vorwiegend Krill, aber auch Leuchtsardinen und Kalmare (Tintenfische). Sie fangen bis zu 10 Kilo pro Beutezug, und dafür brauchen sie einen großen Magen. Der ist auch vorhanden, aber sie können trotzdem nur 1/4 ihrer Beute unterbringen. Dafür hat die Natur auch eine Antwort. Sie verdauen ihre Nahrung sehr schnell; innerhalb von 6 Stunden. Wenn sie sich in der Brutphase befinden und ihren Nachwuchs füttern müssen, können sie bei Bedarf den Verdauungsvorgang vorübergehend abschalten. Die angedaute Masse bleibt dann im Magen liegen, und die Jungtiere holen sich die Nahrung dort ab.

Die meiste Zeit befinden sich die Pinguine im Wasser.

Nur zur **Brut und Aufzucht** begeben sie sich an Land und suchen dort einen Nistplatz, der so nah wie möglich am Wasser liegt. Im September begibt sich das Männchen dorthin, das Weibchen folgt 14 Tage später. Es wird eine Kolonie gebildet, die aus bis zu 500.000 Brutpaaren bestehen kann. Befinden sich mehrere Arten am selben Platz, verschieben sich die Brutphasen der einzelnen Arten. So wird ein Konkurrenzkampf um die Nahrung während der Aufzucht verhindert. Sie bauen sich ihre Nester aus murmelgroßen Kieselsteinen und verwenden zusätzlich, wenn vorhanden, Pflanzenbestandteile. Von September bis November findet die Balz- und Paarungszeit statt, nachdem die Weibchen ihren Partner vom Vorjahr oder auch einen anderen ausgesucht haben. Dabei achten sie darauf, dass der Ausgesuchte eine besonders dicke Fettschicht besitzt; eine Garantie dafür, dass der Nachwuchs durchgefüttert werden kann. Ende November legt das Weibchen zwei Eier ab, welches das Männchen nun bebrütetet, während sie ins Meer geht und sich regeneriert. Das Ausbrüten dauert etwa fünf bis sechs Wochen, dann erholt sich das Männchen im Wasser. Danach kümmern sich beide Elternteile gemeinsam um den Nachwuchs. In dieser Zeit sind die sehr hungrigen Jungtiere oft alleine. Es entstehen „Kindergärten", d.h. die Jungtiere drängen sich dicht zusammen, damit sie keine Beute der Raubmöwen werden. Aufgrund eines ausgeprägten Orientierungssinnes und des charakteristisch trompetenartigen Rufes finden sich die Familienangehörigen immer wieder. Im Januar wird der Nachwuchs aufgezogen, und dann legen die Jungtiere ihr flaumartiges Gefieder ab. Nach der Mauser – sie haben jetzt das gleiche „Frackkleid" wie ihre Eltern - begeben sie sich zum ersten Mal ins Wasser und sind dann auf sich alleine gestellt. Sie gehen dort in Rudeln hinein; der beste Schutz vor ihren Feinden wie Seeleoparden und Schwertwale. Nach der

Geschlechtsreife in etwa drei bis sechs Jahren, kehren sie an ihren Geburtsort zurück und ziehen nun ihren eigenen Nachwuchs dort auf. Pinguine können, je nach Art, bis zu 20 Jahre alt werden. Da im Winter an der Antarktis die Eisfläche anwächst, legen die Pinguine immer wieder einen langen Weg zum offenen Meer zurück, dem Ort ihrer Nahrungsquelle.

Einen weißen Bauch, eine weiße Brust und das „Frackkleid" haben alle Pinguine gemeinsam. Die Unterschiede der Arten liegen in ihrem Brutverhalten, der Größe, der Gestaltung ihres Gefieders und den Farben von Schnäbeln und Füßen.

Die größte Population in der Antarktis ist die der **Adeliepinguine**. Dumont d'Urville gab ihnen diesen Namen, da er sie an der Adelieküste entdeckte, die nach dem Namen seiner Frau Adelie benannt wurde. Man erkennt den Adeliepinguin an seinem schwarzen Kopf, den weißen Ringen um die Augen und seinem schwarzen Schnabel, der an seiner Wurzel mit schwarzen Federn bedeckt ist. Ihre Füße sind orange. Die Brutzeit beträgt 33 Tage. Die Jungtiere gehen nach vier Wochen in den „Kindergarten" und nach neun Wochen zum ersten Mal ins Wasser. Sie können 10 Jahre alt werden, sind 55 cm groß und wiegen 4,5 Kilo. Es gibt etwa 10 Millionen Adeliepinguine in der Antarktis.

Die **Eselspinguine** sind Verwandte der Adeliepinguine und unterscheiden sich von ihnen durch einen ziemlich dicken Bauch. Auf dem Kopf haben sie einen weißen Streifen. Der Schnabel und die Füße sind orangerot. Die Brutzeit beträgt 35-39 Tage und sie werden etwa 18 Jahre alt. Ein besonders charakteristisches Merkmal ist ihr Ruf; sie geben Laute von sich, die einem Eselsschrei ähneln. Deshalb auch der Name

Eselspinguine. Sie sind etwas größer als ihre Verwandten, nämlich 80-90 cm und sie wiegen etwa 6 Kilo. Sie gelten als die besten Schwimmer ihrer Spezies. Ihre Heimat sind Südgeorgien, die Falklandinseln und die Antarktische Halbinsel bis zu 65° südlicher Breite.

Ein anderer Verwandter ist der **Zügelpinguin.** Sein spezielles Merkmal ist der schwarze, schmale Riemen, der sich von einer schmalen Kopfhaube um den Hals legt, etwa wie der Riemen des Helmes eines englischen Polizisten. Da das „Frackkleid" am Kopf sehr schmal ist und die Augen im weißen Gefieder liegen, wirkt dieser Riemen sehr markant. Zügelpinguine sind etwa 53 cm groß, wiegen 4 Kilo und werden 10 Jahre alt. Sie sind hervorragende Kletterer und ihre Heimat ist die Antarktische Halbinsel bis nach Anvers Island.

Besonders schön ist der **Goldschopfpinguin.** Er hat einen bemerkenswerten Kopfschmuck. Auf seiner Stirn befinden sich 3 cm lange, goldgelbe Federn, die sich zu allen Seiten zu Schmuckfedern verlängern. Diese Schönheit wird noch durch einen orangeroten Schnabel abgerundet. Die Größe dieser farbenfrohen Vögel beträgt 70 cm und sie wiegen 4 kg. Sie nisten an hohen Klippen auf Südgeorgien, Elefant Island und selten auf Livingston Island. Sie müssen während der Brutphase täglich drei bis vier Mal ins Meer hinunter und wieder auf die Klippen hinauf, was voraussetzt, dass sie sehr gute Kletterer sind. Sie absolvieren 200 Meter Höhenunterschied in weniger als 20 Minuten. Auch können sie von Felsen zu Felsen springen.

Zwei besondere Arten von Pinguinen habe ich noch nicht erwähnt: Den **Kaiserpinguin** und den **Königspinguin**. Sie entscheiden sich eindeutig von ihren anderen Artgenossen und sind in ihrem Verhalten verwandt. Der Kaiserpinguin ist der größte seiner Art und der einzige, der ständig auf dem Eis lebt. Wegen seiner Größe (1-1,20 m) und seines Gewichts (20-45 kg) übersteht er den härtesten Winter. Er kann bis zu 500 Meter tief tauchen und 20 Minuten die Luft anhalten. Sein Brutverhalten ist einzigartig. Die Jungtiere schöpfen die nahrungsreiche Zeit im Sommer, wenn das Eis abschmilzt, voll aus, indem sie in der Zeit ihre Fettschicht anfressen, von der sie im Winter zehren. Die Kolonien werden auf dem neu anwachsenden Eis im Mai gebildet. Das Weibchen legt nach Balz und Paarung Anfang Juni nur ein Ei, das sie dann dem Männchen in seine Bauchfalte zwischen den Beinen übergibt; eine etwas schwierige Angelegenheit, die auch nicht immer gelingt. Dann kann es sein, dass das Ei auf den Boden fällt, erfriert oder Opfer der Raubmöwen wird. Das Männchen brütet nun, bei einer Außentemperatur von bis zu -40°C in dieser Bauchfalte das Ei aus und schleppt dieses immer mit sich. Der Kaiserpinguin kann in dieser Zeit nicht ins Wasser gehen, um Nahrung zu holen und verliert deswegen 1/3 seines Gewichtes. Es ist also wichtig, dass er sich vorher eine dicke Fettschicht angefressen hat. Das Weibchen erholt sich nach der Übergabe im Wasser und kehrt erst zurück, wenn das von ihr gelegte Ei ausgebrütet ist. Falls es nicht rechtzeitig zur Fütterung der Jungtiere da sein kann, greifen diese auf einen Eidotterrest zurück. Auch das Männchen kann ihre Brut in dieser Not füttern, denn er hat in seinem Kropf ein sehr fett- und eiweißhaltiges Sekret. Erst wenn das Weibchen zurück ist, geht ihr Partner auf die lange Reise zum Wasser und regeneriert sich. Der Weg kann 100 km betragen. Nach seiner Rückkehr kümmern sich beide um die Nahrung des Nachwuchses. Vier bis sechs Wochen später bilden die Jungtiere die ersten „Kindergärten", tauschen das flaumige Federkleid in ihr stattliches Gefieder, und im Dezember/Januar ernähren sie sich schon selber. Nach sechs Monaten verlassen sie ihre Kolonie und kehren erst nach der Geschlechtsreife an ihren Geburtsort zurück. Dort ziehen sie dann ihren eigenen Nachwuchs auf. Kaiserpinguine können 20 Jahre alt werden und sie sind die buntesten ihrer Spezies. Das „Frackkleid" ist blauschwarz und geht am Kopf in schwarz über. Dadurch können die Augen kaum erkannt werden. Der schwarze Schnabel hat einen rosafarbenen Strich und es werden orangefarbene Akzente an beiden Seiten des Halses gesetzt.

Der Königspinguin ist wesentlich kleiner, 75-95 cm, wiegt nur 15 kg und ähnelt in seinem Brutverhalten dem Verwandten. Aber sie leben nicht ständig im Eis. Das Gefieder ist farblich ähnlich gestaltet, wie bei seinem Verwandten, und sie wirken durch ihre geringere Fettschicht wesentlich schlanker. Die Heimat sind Südgeorgien und die Falklandinseln. Der Bestand wird auf 2 Millionen Tiere geschätzt. Der Königspinguin kann seinen Nachwuchs zweimal ausbrüten: Von Dezember bis Januar (Frühbrüter) und von Januar bis Februar (Spätbrüter). Die Eltern, die ihr Ei erfolgreich gebrütet und die Jungtiere aufgezogen haben, beginnen dann den nächsten Brutzyklus als Spätbrüter. Diejenigen die ihren Nachwuchs verloren haben, starten als Frühbrüter einen neuen Versuch. Der Brutzyklus beträgt also 12-14 Monate und wird in drei Jahren zwei Mal durchlaufen.

In der Antarktis richtet sich das Augenmerk immer auf die Pinguine. Sie sind offenkundig die schönsten und interessantesten Vögel, zumal wir sie sehr gut beobachten können.
Aber es gibt noch auch andere Vögel, die hier leben.

Andere Vögel

Der **Albatros** ist mit seiner Flügelspannweite von bis zu 3,50 Metern und den weißen, vorwiegend schmalen Schwingen bemerkenswert. Er schwebt damit sehr elegant und ruhig am Himmel. Auf der Suche nach seiner Nahrung, Krill, kleinen Fischen und Kalmaren, fliegt er oft tausende von Kilometer umher, ehe er zur Brut an Land zurückkehrt. Wie die Pinguine kommt der Vogel nur auf der südlichen Halbkugel der Welt vor.

Die **Sturmvögel** sind die Geier der Antarktis; sie fressen Aas. So halten sie gleichzeitig das Gebiet sauber. Sie leisten also Gesundheitsdienste, sodass die anderen Tiere gegen unliebsame Keime geschützt sind. Es treten beträchtliche Größenunterschiede bei ihnen auf. Allen gemeinsam ist aber der kräftige Schnabel, der vorne leicht gebogen ist und dort eine kleine Verdickung aufzeigt, in die zwei Nasenröhren verlaufen. Sie haben dadurch einen ausgezeichneten Geruchssinn. Der **Riesensturmvogel** ähnelt dem Albatros in Form und Größe und er bewegt sich im Flug genauso elegant. Je nachdem, ob er nördlich oder südlich der Konvergenz brütet, bestimmt dies seinen Namen: Nördlicher oder südlicher Riesensturmvogel. Der südliche Riesensturmvogel hat an Kopf, Hals und Brust ein deutlich helleres Gefieder, als das seines gleichmäßig graubraunen Artgenossen. Die Flügel des **Kapsturmvogels** sind mit einem Meter Spannweite wesentlich kleiner. Sein Merkmal sind die unregelmäßigen schwarzweißen Flügelzeichnungen, an denen man ihn sehr leicht erkennen kann. Am Rande der Antarktis leben der **Weißflügelsturmvogel** und der **Schneesturmvogel**, die nur wenig über die Packeisgrenze hinaus fliegen.

Der **Blauaugenkormoran** hält sich oft an Pinguinkolonien auf. Zwischen diesen beiden Vögeln besteht keine Nahrungskonkurrenz, da der Blauaugenkormoran kleine Fische und nicht Krill frisst. Er baut dicht am Meer große Nester aus Seetang auf, und legt drei Eier. Der Vogel bleibt nur so lange in der Antarktis, wie das Wasser eisfrei ist. Er kehrt erst im Frühling zurück.

Der **Scheidenschnabel** ist für die Pinguine sehr gefährlich. Er stört sie durch ständiges Herumflattern bei der Fütterung ihrer Jungtiere und frisst alles, was ihm vor den Schnabel kommt. Er hat an den Füßen keine Schwimmflossen, und ist somit der einzige Landvogel in der Antarktis, brütet allerdings außerhalb. Der Vogel hat einen kleinen weißen Körper und den Namen verdankt er seinem rosafarbenen Kehllappen.

Die häufigste Vogelart neben den Pinguinen ist die **Buntfußsturmschwalbe**. Sie fliegt unruhig wie ein Schmetterling und ist dunkel gefiedert. Nur am Schwanz hat sie einen weißen Fleck. Eine andere Schwalbe, die **Antipodenseeschwalbe** ist an ihrem roten Schnabel, der schwarzen Kopfhaube und den spitzen Flügel- und Schwanzenden zu erkennen.

Die **Dominikanermöwe** ist ein großer weißer Vogel mit schwarzen Deckfedern und hält sich das ganze Jahr in der Antarktis auf. Sie frisst vorwiegend Napfschnecken, deren Gehäuse sie in kleinen Häufchen zurück lässt. Auch aus Pinguinkolonien holt sie ihr Futter und sie frisst sogar Robbenkadaver.

Die einzigen Vögel, die ich hier neben den Pinguinen bewusst gesehen habe, sind die **Raubmöwen**, die südlichen Skuas. Sie haben ein braunes Gefieder und auf der Flügelunterseite werden auffallend helle Streifen sichtbar, wenn sie ihre Flügel spreizen. Sie nisten auf der Antarktischen Halbinsel und dem ganzen Kontinent; sie wurden sogar schon am Südpol gesichtet. Die braune Skua ist etwas größer und das Gefieder ist sehr dunkel. Sie hat lange Beine und einen langen Schnabel. Raubmöwen verteidigen ihr Revier sehr aggressiv gegen andere ihrer Art, wenn sie Eier oder Küken der Pinguine, oder Nachgeburten von der Weddellrobbe erbeutet haben. Auch gegen Menschen wehren sie sich, indem sie diese im „Sturzflug" angreifen. Nur wenn die Raubmöwen nisten, sind sie auf diese Nahrung angewiesen. Sonst fressen sie vorwiegend Krill, Fische und andere Meerestiere.

Was hat die Natur nur für geniale Wunder geschaffen. Ich bin außerordentlich fasziniert darüber, und werde immer neugieriger für neues Wissen über die Antarktis. Ich kann hier mit Augen und Geist mein Bewusstsein noch eineinhalb Tage lang erweitern. Ich habe noch keine Wale gesehen und auch mit dem Eis habe ich mich noch nicht ernsthaft beschäftigt.

Auf der anderen Seite dieser kleinen Felseninsel ragen unmittelbar tief durchfurchte Gletscherwände aus dem Wasser und das Blauviolett in den Gletscherspalten entzückt wieder mein Gemüt. Wenn hier noch eine „Pinguinautobahn" sein sollte, so kann ich sie von hier oben aus nicht sehen.

Es gelingt mir, nachdem ich in „meiner" Stunde die Zügelpinguine und ihr Umfeld beobachtet habe, heil am Schneefeld entlang abzusteigen, und das „Zodiac" bringt mich wohlbehalten auf die "Nordnorge" zurück. Ich habe nun viel Zeit, die Bucht in Augenschein zu nehmen und bin begeistert. Die Vielfalt der Schneelandschaft in dieser kleinen Bucht überbietet alles, was ich bisher gesehen habe.

Vom Schiff aus kann ich nun erblicken, wie gewaltig das Ausmaß der Gletscher ist, die von den Bergen herunterziehen. Ihre Abbruchkanten ragen noch weit über einen Teil der Felseninsel empor und das Blauviolett bildet einen aufregenden Kontrast zu dem grauen Stein.

Mein Blick schweift weiter umher. Auf einem kleinen, schneebedeckten Grat, der vor einem ausgedehnten Bergpanorama liegt, befindet sich die argentinische Sommerstation „Teniente Camara". Sie ist im Augenblick nicht belegt, denn es weht keine Fahne auf ihrem Dach. Die Schneefelder in ihrem Umfeld glänzen im gleißenden, weißen Gegenlicht, das mich immer ganz besonders anzieht; auch als Fotomotiv. Es vermittelt hier eine geheimnisvolle, aber heitere Stimmung.

Am meisten bezaubern mich die sanften Schneehügel und Gletscher die einen kleinen Basaltberg einrahmen. Sie glänzen in ihrem unvergleichlichen Weiß unter dem blauen Horizont und dieser kleine schwarze Berg verleiht der weißen Hügellandschaft einen außergewöhnlichen Reiz.

Auch der Blick auf das offene Meer ist wieder herrlich. Bisher ist mir nicht klar gewesen, das Licht so vielfältige Variationen ausstrahlt. Im Augenblick schillert das Meer in einem satten Blau. Auch die vereinzelten Eisberge, die hier schwimmen, sind wunderbar anzuschauen. Mein Rundgang auf „Außendeck fünf" wird heute einige 100 Meter betragen; andauernd laufe ich umher und schwelge im Licht- und Farbenspiel der Umgebung.

Robben

Die zweite große Tiergruppe ist hier die der Robben. Sie sind Säugetiere und haben sich auch dem Leben im Meere angepasst. Im Gegensatz zu den Pinguinen leben sie in allen Regionen der Erde.

In der Antarktis haben sechs Robbenarten ihre Heimat gefunden. Eine Ohrenrobbe und fünf Hundsrobben. Sie werden bis zu 30 Jahre alt und ihre Feinde sind die Schwertwale und Seeleoparden ihrer eigenen Rasse.

Die **Hundsrobben** haben keine äußeren Ohrmuscheln, trotzdem verfügen sie über ein feines Gehör. Sie sind sehr gute Schwimmer und sie bewegen dabei ihre Schwanzflosse in seitliche Richtung. Auf festem Grund sind sie dagegen langsam und unbeholfen. Die **Ohrenrobben** benutzen beim Schwimmen ihre Vorderflossen. An Land können sie sich mit beeindruckender Geschwindigkeit bewegen, indem sie hinten ihre Schwanzflosse unter den Körper klappen und ihn vorne mit den Vorderflossen hochstemmen. Eine dicke Fettschicht schützt beide Arten vor den kalten Wassertemperaturen und auch vor der großen Abgabe ihrer Körperwärme ins Wasser. Sie sind ausgezeichnete Taucher. Aufgrund ihrer hohen Anzahl von roten Blutkörperchen verfügen sie über sehr viel Sauerstoff. Auch senken sie ihre Herzfrequenz, sodass bei den meisten Organen die Durchblutung eingeschränkt wird.
Bevor sie tauchen, atmen sie aus, um keinen Stickstoff aus der Lunge mit in die Tiefe zu nehmen. Diese Begebenheiten befähigen sie dazu, mehr als eine Stunde unter Wasser zu bleiben. Die Robben tauchen 50-100 Meter tief. Der See-Elefant kann sogar 2.000 Meter tief tauchen, um an seine Nahrung zu kommen.

Der **See-Elefant** ist die größte Robbe der Welt. Seinen Namen hat er von der rüsselartigen Erweiterung der Nase des Bullen, die sein Gebrüll verstärkt. Der massige graue Körper erinnert ebenfalls an einen Elefanten. Er ist 4-6 Meter lang und wiegt 4 Tonnen. Das Weibchen ist dagegen vergleichsweise schlank; nur 3 Meter lang, und sie wiegt

1 Tonne. Diese Tiere leben hauptsächlich in den subant-
arktischen Regionen und auf der Antarktischen Halbinsel.
Sie fressen Fische und Kalmare. Die Geschlechtsreife tritt
erst nach 9 bis 14 Jahre ein und die Bullen bilden dann mit
trächtigen Weibchen einen Harem, den sie erbittert gegenüber anderen Bullen verteidigen. Im Oktober werden die
Jungen geboren und 2 Monate mit sehr fetthaltiger Milch
ernährt, bevor sie sich in Gruppen zusammenlegen. Nach
weiteren zwei Monaten sind die Jungtiere auf sich alleine
gestellt und gehen auf Nahrungssuche ins Meer.

Die Robbenart, die mit Abstand am meisten vorkommt,
ist die, die gleichzeitig relativ unbekannt ist: Der **Krabbenrobbenfresser**. Der Name sagt aus, was er am liebsten
frisst: Krill. Er ist im Meer- und Treibeisgürtel der Antarktis beheimatet und lebt dort auf Eisschollen. Sein Körper
ist schlank; er wiegt 200 Kilo bei einer Länge von 3 Metern,
und er ist an seinem unbefleckten Fell zu erkennen.

Neben den Kaiserpinguinen gehört die **Weddellrobbe** zu
den südlichsten Antarktisbewohnern. Sie lebt hauptsächlich unter dem Meereis. Wenn sie auf dem Eis liegt, bildet
sie eine Gruppe um ein Eisloch herum, und hält dieses mit
ihrem kräftigen Gebiss offen; so kommt sie immer an ihre
Nahrung, die Kalmare und Fische. Mit dem Alter sind diese
Gebisse sehr abgewetzt und sie neigen dann dazu, sich zu
entzünden. Der Körperbau der Weddellrobbe ist fülliger
(400-500 Kilo), als der des Krabbenrobbenfressers, und sie
ist 3 Meter lang. Das Fell ist auf dem Rücken dunkelgrau
und mit vielen silbernen Flecken besetzt. Ein besonderes
Merkmal ist: Sie ist sehr träge und lässt sich kaum aus der
Ruhe bringen.

Die **Rossrobbe** hält sich auf einsamen, dichten Eisregionen auf, und deswegen ist wenig über sie erforscht. Nur ihre Größe, 2,50 Meter, ihr Gewicht, 200 Kilo, und das Aussehen ihres Felles sind bekannt. Es ist dunkelgrau, und auf dem Bauch silbrig bis weiß. Ein besonderes Merkmal sind die großen dunklen Augen.

Für die von den Menschen so geliebten Pinguine ist der **Seeleopard** ein gefürchteter Feind. Er reißt sie auf unschöne Weise mit seinen dreizackigen Zähnen auf, schlägt sie solange auf die Wasseroberfläche, bis sich die Haut mit seinem Gefieder von der Fettschicht abgelöst hat. Erst dann frisst er seinen Fang. Auch Krabbenrobbenfresser gehören zu seiner Beute. Er hat einen schlangenartigen Kopf, der sich eindeutig von seinem 3 Meter langen und 350 Kilo schweren Körper abgrenzt. Er lebt vorwiegend am Rande des Packeises.

Die einzige Ohrenrobbe ist die **Pelzrobbe**, auch Seebär genannt, und sie lebt auf den Inseln um die Antarktis herum; aber auch auf der Antarktischen Halbinsel. Wegen ihres feinen Fells war sie im 18. und 19. Jahrhundert eine attraktive Beute für die Menschen. Sie wurden fast ausgerottet. Nur auf den Falklandinseln konnte sich ein kleiner Bestand retten. In den letzten 50 Jahren hat sich die Anzahl stark erhöht und sie haben sich auch wieder auf anderen Inseln angesiedelt. Heute gibt es mehr Pelzrobben, als vor der Zeit der Robbenjagd. Die Bullen werden etwa 2 Meter lang und sie wiegen 150-200 Kilo. Die Weibchen wiegen nur 50-70 Kilo und sie werden 1,5 Meter lang. Im Gegensatz zu den Hundsrobben erkennt man die Ohrenrobben an ihren deutlich sichtbaren Ohrmuscheln. Auch besteht ein Unterschied in der Mästung ihrer Jungen. Während die Hundsrobben die Jungtiere mit Milch mästen, die fast nur aus Fett besteht und schon im Körper des Muttertiers gespeichert ist, werden die Jungtiere der Ohrenrobben vier Monate lang mit weniger fetter Milch gesäugt. Auch müssen die Muttertiere während dieser Zeit Abstecher ins Wasser unternehmen, um ihre Nahrungsaufnahme zu steigern.

Der Nachmittag neigt sich dem Ende zu und die Ausflügler kommen langsam wieder an Bord. Ich kann mich immer noch an der wunderschönen Mondbucht ergötzen und das wechselnde Licht bestaunen. Je tiefer die Sonne steht, umso reiner leuchten die Farben. Ich sehe, dass die „Pinguinautobahn" auch jetzt von den Pinguinen nicht benutzt wird.

Aber „mein" Basaltberg macht mir weiter große Freude; mal hängt eine weiße Fahne an seinem Gipfel, mal leuchtet er geheimnisvoll in der glitzernden Schneelandschaft.

Das Blauviolett der Eisabbrüche funkelt hinter der dunklen Felseninsel und die Berge zeichnen sich in klaren Konturen gegen die glänzenden Gletscher ab.

Die „Nordnorge" verlässt die Mondbucht und kehrt in die Bransfieldstraße zurück. Ich kann es kaum glauben. Endlich höre ich den Satz, auf den ich so lange gewartet habe: „Dicht vor dem Bug des Schiffes können sie zwei Buckelwale sichten." Ich eile auf Deck sechs mit den großen Panoramafenstern, von wo aus ich einen freien Blick auf das Wasser habe; an meinem Stammplatz ist der Blick durch den Bug behindert. Die „Nordnorge" fährt jetzt ganz langsam.

Zuerst kann ich die Tiere gar nicht sehen, so gut sind sie an die Farbe des Meeres angepasst. Ich muss also Geduld haben und genau beobachten, wo und wann sie ihre berühmte „Fontäne" auspusten. Dabei leistet mir mein Fernrohr gute Dienste. Es macht mir richtig Spaß, die Bewegungen zu verfolgen. Selbst von hier oben aus kann ich ihre mächtigen Körper sehen und ich bin erstaunt, wie athletisch und leicht diese aus dem Wasser emporschnellen. Die Tiere haben offensichtlich keine Lust oder sehen keine Notwendigkeit, tief ins Wasser zu tauchen, denn sie zeigen mir ihre imposante Schwanzflosse nicht. Trotzdem: Mich beeindrucken diese eleganten und kraftvollen Tiere, die unbefangen vor dem Bug des Schiffes herumtollen.

Zum ersten Mal erlebe ich den Nachteil dieser Digitalkamera, die mit einer kleinen Verzögerung die Fotos aufnimmt. Die Bewegungen der Wale sind sehr viel schneller, als die des Auslösers.

Auf jeder Kreuzfahrt warten die Menschen gespannt auf das Erlebnis, Wale zu sichten. Diese Säugetiere leben ausschließlich im Wasser und bevölkern alle Meere der Welt, also auch das Südpolarmeer an der Antarktis. Es sind die Bartenwale, die hier ihre Nahrung in Massen finden: Krill und kleine Fische. Aber über Wale gibt es viel mehr zu berichten, zumal sie auf die Menschen eine besondere Anziehungskraft ausüben.

Wale

Wale sind nicht in der Lage, auch nur kurze Zeit an Land zu überleben. Umso dramatischer sind die bisher unerklärbaren **Walstrandungen**, die merkwürdigerweise vorwiegend an den Küsten Australiens und Tasmaniens auftreten. Generell werden Unterwasserlärm, also militärische Sonartests, Schiffsverkehr und seismische Untersuchungen für das Phänomen verantwortlich gemacht. Aber auch der Klimawandel, der die Windsysteme und Meeresströmungen auf der Welt beeinflusst, kann ein Grund von Walstrandungen sein. Die Menschen versuchen in harter Handarbeit, die Wale zu retten, indem sie die Tiere mit Wasser bespritzen und bei Flut die massigen Körper ins Meer bewegen.

Die Tiere sterben sonst an Überhitzung; die Regulierung der Körpertemperatur ist an Land nicht gewährleistet.

Diese von uns so begehrten Wale sind die größten Lebewesen, die jemals auf der Welt gelebt haben und heute noch leben. Der Gigant, der **Blauwal** (Bartenwal), ist bis zu 33,5 Meter lang und wiegt unvorstellbare 150-200 Tonnen. Die kleinsten Walarten sind **Schweinswale** und **Delfine** (Zahnwale), die auch in Flüssen zu beobachten sind. Allerdings gehört der gefürchtete **Schwertwal** (Killerwal) mit seiner Länge von 5,5-10 Metern und dem Gewicht von 3-9 Tonnen ebenfalls zu der Art der Delfine. Der **Pottwal** (Zahnwal) ist der gefräßigste, größte Räuber aller Tiere überhaupt.

Der **Körperbau** und die **Körperfunktionen** sind dem Meer angepasst. Als Säugetiere sind sie Lungenatmer und müssen in bestimmten Abständen an die Wasseroberfläche kommen, um Sauerstoff aufzunehmen. Bevor sie tauchen, holen sie noch einmal tief Luft und verschließen dann ihre Nasenlöcher. So können sie bis zu einer Stunde in der Tiefe verbringen. Ihr Zweikammer-Herz ist sehr leistungsfähig. Der **Sauerstoff** wird effektiv in den ganzen Körper verteilt und vorwiegend in den Muskeln gespeichert. Wenn sie wieder auftauchen, stoßen sie den sogenannten „**Blas**" - verbrauchte kondensierte Atemluft - aus, der für uns Beobachter wie eine „Fontäne" erscheint, oder bei großen Walen auch als weithin sichtbare Wolke über dem Wasser. Der Magen besteht aus drei Kammern, einem drüsenlosen muskulösen Vormagen, dem Hauptmagen und dem Pylorusmagen. Die letzten beiden Teile enthalten Drüsen zur Vorverdauung der Nahrung. An die Mägen schließt sich der Darm an. Die Leber ist sehr groß und eine Gallenblase ist nicht vorhanden. Die Nieren sind sehr abgeflacht und langgestreckt. Durch mehrere tausend Einzelläppchen (Reniculi) können sie sehr effektiv arbeiten. Sie scheiden auch überschüssige Salze aus, sodass die Wale befähigt sind, ohne Schaden das salzige Meerwasser zu trinken.

Der stromlinienförmige Körper hat vorne **Extremitäten**, die zu Flossen, **Flipper**, umgewandelt sind. Auf dem Rücken haben sie eine weitere Flosse, die **Finne**. Beides stabilisiert und steuert die Balance des Körpers im Wasser. Die für die Menschen so attraktive, waagerecht liegende Schwanzflosse, **Fluke**, bewegt sich auf und ab und treibt dadurch die Bewegung des ganzen Körpers an. Andere Körperteile, wie Haare, äußere Ohrmuscheln oder Hinterbeine fehlen völlig und die Geschlechtsteile sind im Körper versenkt. Alle Arten haben einen langgestreckten Kopf, der besonders bei Bartenwalen durch einen weit ausladenden Kiefer enorme Ausmaße annimmt. Die **Nasenlöcher**, eins beim Zahnwal, zwei beim Bartenwal, liegen auf der Oberseite des Kopfes, wodurch der „Blas" ausgestoßen wird. Der ganze Körper ist mit einer dicken Fettschicht, **Blubber**, umgeben, die bis zu einem halben Meter Volumen beträgt. Diese Fettschicht schützt vor der Kälte, ist eine Nahrungsreserve und erhöht im Wasser den Auftrieb.

Im **Tierreich** werden die Wale in zwei Unterordnungen eingeteilt: **Bartenwale** und **Zahnwale**. Die Zahnwale besitzen Zähne, und machen damit Jagd auf Fische, Pinguine, Robben und eigene Artgenossen. Die Bartenwale haben dagegen statt Zähne quer stehende Hornplatten, die sogenannten **Barten**. Sie sind am Oberkiefer festgewachsen und stark ausgefranst. So haben sie die Funktion eines Siebes. Der Wal durchsiebt mit offenem Mund das Wasser, presst es durch die Barten aus, und das Krill sowie kleine Fische bleiben im Maul zurück.

Die Tiere sind ungewöhnlich gesellig. Sie jagen ihre Beute in der Regel in Gruppen und schließen sich auch manchmal mit anderen Tieren, z.B. dem Thunfisch, zusammen. Ihre Verständigung untereinander ist auch sehr ungewöhnlich. Die Männchen stoßen gesangähnliche Töne und Melodien, den sogenannten „**Walgesang**", aus. Dabei ist der Reichtum der unterschiedlichen Laute (bis zu 622 Töne) erstaunlich, und es ist durchaus möglich, einzelne Walarten an ihrem individuellen „Walgesang" zu erkennen.

Diese bemerkenswerten „sanften Riesen" werden bis zu 200 Jahre alt. Anhand von Jahresringen an den knöchernen Ohrkapseln konnte bei einem toten männlichen Exemplar sogar das Alter von unglaublichen 211 Jahren bestimmt werden.

Seit dem **Mittelalter** werden Wale gnadenlos gejagt. Schon zu der Zeit gab es große Flotten, die Glattwale und Grönlandwale fingen, da die enormen Fleischmengen, der Tran als Brennstoff und die Kieferknochen für den Hausbau äußerst begehrenswert waren. Im **18. und 19. Jahrhundert** wurden vor allem die Bartenwale erlegt. Die Skelettknochen benötigte man zur Herstellung von Reifröcken und Korsetts. Das Ambra, das Öl aus dem Darm der Pottwale, wurde damals für die Pharmazie und die Herstellung von Parfümen benutzt. Die Spermacite waren gut als Schmiermittel für Maschinen. Ende des 19. Jahrhunderts wurden die Sprengharpunen erfunden und die Zahl der erlegten Wale nahm massiv zu. Schließlich wurden die großen Mutterschiffe der Flotten so umgewandelt, dass die Verarbeitung der Tiere direkt an Bord stattfand. Die Trankochereien wurden in der Antarktis nicht mehr benötigt und verrosteten. Noch heute können die Walfangstationen gesichtet werden. Bis zum Anfang des **20. Jahrhun-**

derts hatten Wale als Rohstofflieferanten eine sehr große Bedeutung für die Industrie. Die ersten Bestrebungen, sie zu schützen, wurden **1931** in Angriff genommen, denn die Populationen aller Arten waren schon stark dezimiert. Der Buckelwal war damals besonders bedroht und wurde unter internationale Obhut gestellt; man richtete Schutzzonen ein. **1946** gründete man die Internationale Walfangkommission, die die Bestände der Wale kontrollieren und sichern sollte. Von **1985 bis 2005** verbot die Kommission das Töten aus kommerziellen Gründen und erlaubte den Fang nur für wissenschaftliche Zwecke. Dieses Verbot war für manche Staaten aus traditionellen Gründen, oder aber, weil sie mit dem Walfang ihr Überleben sicherten, ein Problem. Diese Staaten, zu denen Norwegen, Island und Grönland gehören, haben zwischenzeitlich eine Sondergenehmigung für den Walfang bekommen. Japanische Fischer fangen heute noch Wale im Südpolarmeer und sie müssen sich immer wieder mit Naturschutzorganisationen wie Greenpeace auseinander setzen.

Ein anderer **Grund**, warum heute noch Wale, meist die kleinen, gezielt getötet werden, ist die Konkurrenz, die sie für die Fischer beim Fangen von Speisefischen darstellen. Da der Energieverbrauch dieser Säugetiere wesentlich größer ist, als der der Raubfische, fressen sie in enormen Mengen Speisefische.

Nicht nur wegen der Größe ihres Körpers, ihrer Bedeutung für die vielfältigen Verwendungen für Nahrung, Industrie und Wissenschaften, ist dieses bemerkenswerte Tier so begehrt für die Menschen. Sie waren auch für die **Kultur** vieler Bewohner in meeresnahen Gebieten von großer Bedeutung. Da die Giganten, wie Blau- oder Pottwale, sich tief in den Meeren aufhalten und schwierig zu beobachten sind, übernahmen die kleineren Delfine und Schweinswale diese Rolle.

Die **Walerforschung** geht bis in die Steinzeit zurück, aus der man Felszeichnungen kleiner Wale gefunden hat. In der **Antike** der Griechen schrieben Homer, Ambrosius und Plinius schon über Wale. **Aristoteles** widmete seine ausführlichen Berichte besonders den Delfinen, dem heiligen Tier der Griechen. Er rühmte diesen Wal, den er irrtümlicherweise als Fisch bezeichnete, als schnell, intelligent und ohne Menschenscheu. In der antiken **Kunst** dieser Zeit gibt es sehr häufig Delfindarstellungen in Reliefs, Gemmen, Lampen, Münzen, Mosaiken, Grabsteinen, usw. Auch auf Delfinen reitende Gestalten waren beliebte Darstellungen.

Auch in der **Mythologie** der Griechen spielte besonders der Delfin eine Rolle. Aufgrund seiner Intelligenz rettete er in den **Legenden** mehrmals Ertrinkenden das Leben. Da dem Delfin eine besondere Liebe zur Musik zugesprochen wurde, errettete er den Gerüchten nach vor allen Dingen berühmte Sänger, wie Arion von Lesbos oder Kairinos aus Milet. Ebenso waren die Delfine für ihre Anhänglichkeit für Knaben bekannt, mit denen sie eventuell bis in den Tod gingen. Der Delfin wurde auch mit einem Sternbild gewürdigt.

Bewohner anderer Länder beschäftigten sich ebenfalls mit diesem Tier. Der irische Mönch **St. Brendan** schilderte in einer Reisebeschreibung die Begegnung, die er zwischen **565 und 573** mit einem Wal gemacht haben soll: Sein Begleiter betrat eine baumlose Insel, die sich im Nachhinein als riesiger Wal herausstellte, den er „Jasconicus" nannte. Diesen Wal traf St. Brendan neun Jahre später wieder und ruhte sich auf seinem Rücken aus. Eine schöne Geschichte.

Während der **Zeit** der Walfangflotten vom **17. bis 19. Jahrhundert** lieferten diese meistens harmlosen Riesen viel Stoff für das Seemannsgarn der Matrosen. Es wurden scheußliche Geschichten von Gemetzeln durch harpunierte Tiere erfunden oder auch Beschreibungen von Meeresungeheuern, die schrecklicher nicht sein konnten, erzählt. Auch in der **Literatur** spielte der Wal eine Rolle. Die Bücher: „Einige Beobachtungen zur Naturgeschichte des Pottwals" von Thomas Beale und „Erzählungen von der Waljagd" von Frederick Debell Benett fanden Beachtung. Besonders die Romane „**Moby Dick**" von Herman Melville und „**20.000 Meilen unter dem Meer**" von Jules Verne wurden Bestseller.

In der modernen **Kultur** haben Wale auch ihren Platz. Die beiden zuletzt erwähnten Bücher wurden erfolgreich verfilmt. Wale werden heute nicht mehr als Seeungeheuer und gefährliche Bestien betrachtet, sondern wieder als friedfertige und intelligente Tiere, die den Menschen helfen. Sie spielen die Hauptrolle in Filmen wie „Flipper", „Sea Quest" oder „Free Willy - Ruf der Freiheit". Auch in der Behandlung von schwerkranken Kindern wird die sogenannte „Delfintherapie" eingesetzt.

Ich freue mich sehr, dass ich diese außergewöhnlichen Tiere für kurze Zeit erleben darf. Es amüsiert mich, dass sie überhaupt keine Angst vor unserem riesigen Schiff haben. Es scheint mir sogar so, als wenn sie mit dem Schiff und uns spielen und sie wüssten, das sie sich jederzeit unserem begehrlichen Blicken entziehen und - für unser Begehren ärgerlich - ohne ihre „Fluke" zu zeigen, abtauchen können.

Die „Nordnorge" bricht das Spiel der Wale mit uns ab und begibt sich nun in der Bransfieldstraße auf den Weg nach Norden. Der Abend ist angenehm warm und ich setze mich noch etwas auf „Außendeck fünf".
Erst jetzt fällt mir auf, dass mein Augenmerk dieser Reise allein auf das Eis, das Meer und die Tiere gerichtet ist. Die Pflanzen habe ich insofern nur beachtet, als ich eine Regel einhielt, indem ich sie vorsichtig umlief und nicht auf sie trat. Aber es gibt eine erstaunlich vielfältige Flora in der kalten und steinigen Antarktis.

Flora

Die Pflanzenwelt in der Antarktis besteht bis auf zwei Blütenpflanzen aus vielen Arten von Flechten, Algen und Moosen. Interessanterweise werden die Bakterien auch in diese Gruppe eingeordnet. Diese Flora muss extreme Bedingungen, wie Kälte, Trockenheit und Mangel an Bodenkrume aushalten. Die Anwesenheit von Menschen ist für die Pflanzenwelt eine große Gefahr. Sie erholt sich nur außerordentlich langsam, wenn auf sie mit großem Gewicht getreten wird; die Erholungsphase kann zehn Jahre dauern.

Die beiden Blütenpflanzen sind die **antarktische Schmiele**, ein Gras, und der **antarktische Perlwurz**, ein Nelkengewächs. Der Perlwurz bildet ein niedriges grünes Polster mit kleinen weißen Blüten, während die Schmiele in höheren Grasbüscheln wächst. Sie bilden beide an geschützten Stellen eine Gemeinschaft mit den Moosen und Flechten, und kommen bis zu 68° südlicher Breite vor. Um aber überhaupt wachsen zu können, brauchen sie Sand, der an Tierkolonien mit zerfallenen Muschelschalen, Vogelkot und Staub aufgewertet wird.

Die **Flechte** ist eine interessante Pflanze. Sie ist auf zwei Lebensformen aufgebaut, den photosynthetisch aktiven Grünalgen und einem Pilz. Die Grünalgen geben die Energie für ihr Leben und der Pilz den Schutz, die Feuchtigkeit und Mineralstoffe. Sie gedeiht gut an der geschützten Westseite der Antarktischen Halbinsel. Die Tatsache, dass sie sich auf nackten Felsen ansiedelt, indem sie aus dem Stein die Mineralstoffe herauszieht, befähigt sie allerdings auch dazu, sich ein großes Verbreitungsgebiet zu sichern. Sie wird sogar auf 2.000 Meter Höhe auf 86° südlicher Breite, 460 km vom Südpol entfernt, gesichtet. Ihr Wachstum ist extrem langsam; der Durchmesser dieser Pflanzen nimmt in 100 Jahren nur um 10-16 mm zu.

Kleine, wurzellose Pflanzen sind die **Moose**, die gut in kalten Gebieten gedeihen. Sie benötigen, wie die Blütenpflanzen, sandigen Boden und wachsen ebenfalls besonders gut in der Nähe von Tierkolonien. In Felsvorsprüngen und winzigen Felsspalten bilden sie kleine Polster, während sie an den Nordhängen weite Flächen begrünen.

Die **Alge** ist eine sehr einfache Pflanze, die weder Wurzeln noch Sprossen hat. Sie unterscheidet sich von Pilzen nur dadurch, dass sie Chlorophyll (Blattgrün) enthält, wodurch eine Photosynthese möglich ist. Es gibt Grün-, Rot- und Braunalgen. Sie kommen in feuchten Gebieten an Seeufern vor. In der Antarktis sammeln sie sich besonders da an, wo Schnee im Sommer mit dem Schmelzwasser gesättigt werden kann. Wenn der Schnee taut, erscheinen die Algen in grünen oder roten Flächen. Sie profitieren wie die Moose und Flechten von dem Vogelkot und Nistmaterial der Tiere, und durch den Reichtum der Biomasse entstehen dort besonders große Flächen, die einer Graslandschaft ähneln.

Eine besondere Art der Algen ist die **Kieselalge**, ein Einzeller, dessen Wände mit Kieselsäure verstärkt sind. Ihr Dasein wird durch Messungen von der Chlorophyllkonzentration in Wasserproben abgeleitet. Es kann eine sehr große Anzahl von diesen Kieselalgen vorkommen und während dieser „Algenblüte" ist das Wasser mahagonibraun.

Es ist so unglaublich schön, diese Ruhe und die frische Luft zu empfangen. Ich verweile noch etwas auf meinem Platz, denn es war mir bisher nicht möglich, bis in den späten Abend draußen zu sitzen. Die Temperaturen ließen dieses bislang nicht zu. Heute scheint die Sonne jedoch schon den ganzen Tag und hat viel Wärme abgegeben. Auch jetzt zeigt sie sich noch und steht goldgelb strahlend tief am Horizont. Sie hüllt die Umgebung in ihr warmes, intensives Kolorit ein. Schwarze Wolkenfetzen durchziehen den goldenen Himmel und wieder labt sich mein Gemüt an diesem prachtvollen Farbenspiel.

Ein herrlicher Tag geht zu Ende. Es ist noch ziemlich hell und ich schaue auf die Uhr: Sie zeigt 23:18 an.

Nun fällt mir erst auf, dass heute Abend kein „Briefing" für morgen stattgefunden hat. Wir befinden uns zwar schon auf dem Rückweg, aber laut Programm soll die „Nordnorge" noch ein Tag an der Antarktischen Halbinsel kreuzen.

Werde ich morgen noch einmal ein unverhofftes Ereignis erleben?

Kapitel 6
Antarctic Sound und Brown Bluff

Ein Paradies von Eis und Meer

„Schwäne merkwürdiger Gestalt picken an unseren Planken. Eine Gondel, gesteuert von Giraffen, überholt uns, was eine Ente amüsierte, die auf dem Kopf eines Krokodils saß. All diese fremden fantastischen Gestalten stiegen und fielen in bleiernen Kadenzen mit den rollenden Wogen - begleitet von einem rauen Flüstern und seinem hohlen Echo."
(Frank Wosley, Shackletons Kapitän auf der „Endurance")

Gestern war ein aufregender, schöner Tag, und ich fiel todmüde in meine Koje. Gegen vier Uhr früh wache ich jedoch schon auf und schaue aus dem Bullauge. Ich traue meinen Augen nicht: Direkt vor mir schwimmt die Wand eines riesigen Tafeleisberges. Mich hält nichts mehr in meiner Koje und ich eile nach draußen.

Wie ich später erfahre, fährt die „Nordnorge" durch den Antarctic Sound nach Brown Bluff. Das Schiff fuhr gestern Nacht in der Bransfieldstraße nach Norden, und ich bin davon ausgegangen, dass es nun nach Westen Richtung Kap Hoorn fahren würde. Aber der Antarctic Sound ist ein Sund, der an der Nordküste der Antarktischen Halbinsel nach Osten ins Weddellmeer führt. Die „Nordnorge" fährt also in das Meer, das Sir Ernest Shackleton zum Verhängnis wurde.

Was habe ich nur für ein Glück, dass mir ein Einblick in das Weddellmeer vergönnt ist. Es kommt nämlich verhältnismäßig oft vor, dass in diesem Gebiet gefährliches Treibeis oder Eisberge schwimmen, und hier deswegen eine Fahrt mit Kreuzfahrtschiffen unmöglich wird.

Hier, im Antarctic Sound, reihen sich einige Tafeleisberge wie an einer losen Perlenkette aneinander. Was für ein Anblick: Kolosse in Eis von mehreren hundert Metern Breite und wesentlich höher als die „Nordnorge", die oben wie eine Tafel glatt geschliffen sind, ziehen an meinen Augen vorbei. Die meisten erstrahlen in einem wunderbaren reinen Weiß und zeigen nur selten Eisspalten mit dem typischen Blauviolett. Dafür begeistern mich halbmondrunde Ausbuchtungen in den steil aufragenden Wänden, die ihnen eine elegante Zierde geben.

Der Himmel, über den manchmal Wolkenschwaden ziehen und sich wie Fahnen an den Eisbergen festhalten, leuchtet in einem blassen Blau. Das Meer liegt in einem tiefen Azur unter mir und kräuselt sich leicht in seiner Bewegung.

Ich erlebe einen atemberaubenden, prachtvollen Morgen in dieser Umgebung von Meer und Eis.

Eis übt eine große Faszination auf mich aus und ich bin neugierig; ich will aus diesem Grunde mehr über dieses Naturprodukt erfahren.

Tafeleisberg im Antarctic Sound

Eis

Eis ist nicht nur einfach gefrorenes Wasser, sondern eine Materie mit vielen Besonderheiten. Neben gasförmig (Wasserdampf) und flüssig (Wasser), ist Eis der dritte, feste Aggregatzustand von Wasser. Es bildet sich bei einer Temperatur von +0°C und gehört zu der Gruppe der Oxide. Die **Mikrostruktur** hängt stark von seiner Entstehungsgeschichte ab. In bewegtem Wasser entwickeln sich körnige Kristalle, im ruhigen Wasser Kristalle in Säulenform. Aufgrund dessen tritt es in der Natur in sehr unterschiedlichen Formen auf, vom Hagel über Eisblöcke bis zu Gletschern. Die **Dichte** ist geringer, als die des Wassers; es schwimmt als Packeis, Eisschollen oder Eisberge auf ihm. Der **Gefrierpunkt** wird durch die Beigabe von Salz von 0°C auf -1,8°C heruntergesetzt. Im Meer entsteht also erst Eis, wenn das Wasser auf -1,8°C abgekühlt ist.

Auch die **Umwandlung** von Schnee zu Eis ist bemerkenswert. Frisch gefallener **Schnee** enthält sechseckige Eiskristalle, deren Flocken in polaren Gebieten, also in Regionen kalter Temperaturen und niedriger Luftfeuchtigkeit, statt filigraner Nadeln hauptsächlich einfache Plättchen und Prismen bilden. Schnee wird zu Eis, indem er eine Umwandlung erfährt und sich verdichtet. Dieser Verdichtungsvorgang wird **Sinterung** genannt und verläuft in drei Phasen. In der **ersten Phase** verbinden sich die Kristalle über Kornbrücken miteinander. Dadurch wird der Schnee fester und heißt jetzt „alter Schnee", oder auch Firn. Die Lufträume dazwischen sind bei dieser Stufe noch vollständig miteinander verbunden. Einzelne Kornbrücken zerbrechen bei Neuschnee und die Lufträume werden nun mit Kristallen gefüllt. So nimmt die Dichte weiter zu, von 200-400 kg/m^3 auf 550 kg/m^3. Der Firn ist jetzt zu einer

Kugel geballt, so dass die Kornbrücken nicht mehr brechen können. Nun tritt **Phase zwei** der Sinterung in Kraft. Die einzelnen Kristalle werden umgeformt und den Lufträumen angepasst. Dabei werden selbst die kleinsten von den größeren für die Umformung genutzt. Die Kontaktfläche der einzelnen Kristalle wächst und die Dichte nimmt nochmal auf 830 kg/m³ zu. Der Firn ist nun so stark komprimiert, dass die Lufträume als kleine Bläschen isoliert zwischen den Kristallen liegen. Damit beginnt **Phase drei**: Die Luft in den Blasen wird zusammen gepresst und der Firn fest. Die Sinterung ist damit abgeschlossen und der Firn wird dann als Eis **definiert**.

Die **Zeit**, in der eine Sinterung abläuft, hängt von den Temperaturen und der Luftfeuchtigkeit der Umgebung ab. In der Antarktis, wo die Temperatur das ganze Jahr unter dem Gefrierpunkt liegt, geht der Prozess der Verdichtung sehr langsam vonstatten. Firn verwandelt sich dort in 500-1.000 Jahren in Eis. Es wird mit der Zeit weiter von darüber liegenden Schichten in die Tiefe und Seiten gedrückt. Dabei bildet es „**Altersringe**", vergleichbar mit den Jahresringen bei Bäumen. An diesen Ringen erkennen die Forscher das Alter des Eises in den „Eisbohrkernen". An der russischen Vostok Station haben sie in einem Eiskern aus 3.540 Metern Tiefe das Alter von unglaublichen 900.000 Jahren bestimmen können.

Die **Farbe des Eises** zieht die Menschen immer wieder in ihren Bann. Sie ändert sich durch die Menge unterschiedlicher Einschlüsse in ihm. Viele Einschlüsse von **Luft** lassen das Eis weiß erscheinen, weil dann nur das weiße Licht zurück gestrahlt wird. Wenn es sich jedoch bei klarem Himmel im Schatten befindet, weist es einen Blaustich auf, da nicht das weiße Licht, sondern der blaue Himmel reflektiert wird. Das grüne, rote oder braune Farbspektrum entsteht durch den Einschluss von **Algen**, die hier im Eis gut gedeihen. Eine seltene Farbe zeigt sich in dem sogenannten „Grünen Eisberg".

Bei tiefstehender Sonne werden die graubraunen **Sedimentpartikel**, die eingeschlossen sind, grün reflektiert. Das **Blauviolett** im Eis bestaunen die Menschen am meisten. Das Kolorit ist in Spalten und Höhlen zu beobachten, die aus den Tiefen der Gletscher kommen. Wenn die Kristalle perfekt geformt und ohne Einschlüsse sind, tritt dieses Phänomen auf. Es entsteht durch einen Effekt, der als **Rayleigh Streuung** bekannt ist. Das von außen einfallende Licht versetzt die Eismoleküle in Schwingungen, und diese Schwingungen senden ihrerseits Streulicht aus. Diese Frequenzen sind viermal höher, als die des einfallenden Lichtes. Diese hohen Lichtfrequenzen werden von unseren Augen als blauviolette Farbe wahrgenommen.

Nachdem die „Nordnorge" den Antarctic Sound durchquert hat, erreichen wir Brown Bluff, den Ort, an dem eine Anlandung vorgesehen ist.
Brown Bluff ist ein schneebedeckter Berg, der im Nordosten der Antarktischen Halbinsel liegt. Er ist 745 Meter hoch, und hat eine abgeflachte Spitze. Seinen Namen hat er von den Klippen, die aufgrund des vulkanischen Gesteins eine rotbraune Farbe aufweisen. Unterhalb des Berges nisten am Ufer Kolonien von Adelie- und Eselspinguinen, der Grund unserer Anlandung.
Ich bin nicht verwundert, dass die Ausbootung aufgegeben werden muss, denn der Wind (Windstärke 8) weht heftig, und das Meer kräuselt sich bedrohlich. Die Alternative ist eine Kreuzfahrt durch einen kleinen Teil des Weddellmeeres. Die „Nordnorge" gleitet endlos an Eisbergen entlang, oder

darum herum. Auf großen Eisschollen haben es sich auch hier Pinguine und Robben bequem gemacht, aber diesmal weckt allein das Eis mein Interesse. Diese kleine Kreuzfahrt betört mich; meine Sinne sind wie im Rausch.

Die Vielfalt der Farben, Formen und Strukturen der Eisberge überraschen mich und meine Augen können sich an den Wunderwerken nicht satt sehen. Mal glänzen sie matt wie Styropor, mal haben sie die Form eines malerischen Berges. Die Mannigfaltigkeit dieser Gebilde regt meine Fantasie an. Ich sehe den „Plattkofel aus den Dolomiten", die „Schwangere Auster von Berlin", Tierfiguren, Arkaden-Bögen, sanfte Hügel. Besonders schön finde ich die abschmelzenden Eisberge. Sie wirken so zerbrechlich und durchsichtig in dem tiefblauen Meer und schimmern wie zartblaues Milchglas. Auch wenn Eisberge im Gegenlicht stimmungsvoll glitzern, finde ich sie besonders reizvoll.

In der Ferne verschmelzen strahlende Eisbrocken mit dem endlosen Horizont und dem blauen Meer. Riesige Schelfeisflächen schwimmen an den Ufern der Antarktischen Halbinsel und dunkle Berge bilden einen hinreißenden Kontrast zu dem Kolorit des Eises.

Betörend ist auch die Farbe des Meeres. Mal liegt es wie ein riesiger grüner Gletschersee unter mir, mal leuchtet es azurn und mal zeigt es sich in einem tiefen Schwarzblau.

Ich weiß gar nicht mehr, wie ich dieses Paradies des Eises, der Farben und Formen vollständig in mein Bewusstsein aufnehmen soll. Ich bin erschöpft, aber auch verzaubert und beglückt.

Der Kontinent Antarktis ist mit einem gewaltigen Eisplateau bedeckt, das an einigen Stellen 4,8 Kilometer dick ist. Nach neuesten Satellitenbildern sind 99,4% der gesamten Landmasse mit dieser Eisschicht bedeckt, die als **Inlandeis** bezeichnet wird. Es hat die Fähigkeit zu fließen, wenn

Weddellmeer

genügend Kraft auf dieses einwirkt. Diese Kraft entsteht auf der Antarktis durch das Eigengewicht der vorhandenen Eismassen, sodass sich die gesamte Decke langsam verformt und das Eis über abschüssige Stellen fließt. Der Boden der Massen ruht auf dem Grundgestein, an dem das fließende Eis gefriert und dort den Strom aufhält. An der Oberfläche kann es aber ungebremst abfließen und bewirkt, wenn es auf Hindernisse stößt, Felserosionen, die die Landschaften verformen. Dabei werden Sedimente und Gesteinsmaterial eingeschlossen. Die Stromlinien dieses Abriebs können an dunklen Streifen auf dem Eis erkannt werden. Letztendlich fließt es dann über den Kontinent zur Küste, wo es aufgehalten wird.

Gletscher

Dieses fließende Eis ist der Gletscher. Die Alemannen haben „Gletscher" aus dem Wort „Glatscharju" abgeleitet (von lat. Glacie). Gletscher sind das größte Süßwasserreservoir der

Erde und neben den Ozeanen der größte Wasserspeicher überhaupt. Hier, in der Antarktis, befinden sich 75% der Süßwasserreserven der gesamten Welt.

Gletscher haben selten glatte Oberflächen, sondern sind durchzogen mit Spalten, Ogiven und Séracs. Wenn der vordere, tiefer liegende Teil des Gletschers schneller fließt, als der dahinter und höher liegende Teil, entstehen **Querspalten** in der Oberfläche. Dieser Vorgang heißt: „Extending Flow".

Längsspalten können beobachtet werden, wenn das Eis aus engen Tälern in weite Ebenen strömt, und sich dort ausdehnt. **Ogiven** bilden sich, indem der höher liegende Gletscher schneller fließt, als der tiefer liegende. Das Eis staucht sich durch den sogenannten „Compressive Flow" zusammen. Diese Stauchwülste laufen mehr oder weniger gerade und entwickeln typische Bogenformen, deren Außenspitzen gletscherabwärts zeigen. **Séracs** sind Eistürme, die durch ein Zusammenspiel von Längs- und Querausdehnungen der Gletscher entstehen und meistens an diesen Gletscherspalten liegen.

In **wärmeren Gebieten** kann das oberflächliche Gletscherwasser abschmelzen und erneut gefrieren, ohne aus ihm abzufließen. So kann eine kleine Menge im Tagesrhythmus von Wasser zu Eis werden, wobei es nicht die Phasen der Sinterung durchlaufen muss. Es bilden sich hier in der Regel kleinere Kristalle; die Umwandlung erfolgt einfacher und die Luft wird schneller freigesetzt. Wasser verwandelt sich also in relativ kurzer Zeit wieder zu Eis.

Ist der **Druck**, den die Gletschermassen auf den Untergrund ausüben, stark genug, schmilzt das Eis ebenfalls, und auf diesem Wasserfilm gleitet ein ganzer Abschnitt entlang.

Dabei wird wieder Druck aufgebaut, sodass das Wasser erneut gefriert. Dieses sogenannte „**basale Gleiten**" ist eine periodisch auftretende Bewegung und kommt nur bei „**temperierten Gletschern**" vor. Die „**kaltbasalen Gletscher**" haben eine zu niedrige Eigentemperatur, die das Abschmelzen verhindert.

Das **Schmelzwasser** fließt sehr oft ab, oberflächlich oder unter dem Gletscher, aus den Toren der Gletscherzungen. So verringert sich die Eismasse. Eisflächen verringern sich auch, wenn Eis unmittelbar in einen gasförmigen Zustand verwandelt wird. Das Phänomen ist z.B. beim Trockeneis zu beobachten: Durch Verdunstung wird das Gas Kohlendioxyd gebildet und in die Luft abgegeben. Auch in trockenen Eiswüsten, wie z.B. auf dem antarktischen Plateau ist diese Erscheinung zu beobachten.

Gletscher werden vom Klima beeinflusst und unterliegen starken Veränderungen. Bei einer Expedition mit der „Polarstern" wurde festgestellt, dass sich in der Antarktis, im Gegensatz zum weltweiten Trend, die Gletscher abkühlen und demzufolge das gesamte Eisschild wächst. Die **Niederschläge** spielen dabei eine bedeutende Rolle. Es wird prognostiziert, dass diese aufgrund des Klimawandels zunehmen werden. Die Forscher vermuten außerdem: Falls der Niederschlag als Schnee fällt, wie z.B. am Kilimandscharo in Afrika oder auf dem antarktischen Plateau, fördert er die Eisbildung. Falls der Niederschlag aber als Regen fällt, schmelzen die Gletscher ab, und die Masse verringert sich. Bei diesem Prozess kann eine hohe Fließgeschwindigkeit erreicht werden. Am Kutiah-Gletscher in Pakistan hat man 1953 eine Geschwindigkeit von 112 Metern am Tag gemessen. Derartige Messungen stellen einen wichtigen Parameter zur Erkundung des Klimawandels dar. Die Fließgeschwindigkeit der globalen Eisströme hat sich in den letzten 20 Jahren stark beschleunigt.

Außerhalb der **polaren Zonen** liegt der größte Berggletscher in Alaska: Der Malaspina Gletscher mit 4.275 km² Fläche.

Der **Gigant** aller Gletscher aber liegt in der Antarktis. Der Lambert-Gletscher hat eine unglaubliche Gesamtfläche von etwa 20.000 km²; und bei der Vermessung des Gletschers wurde das Inlandeis des Kontinents nicht berücksichtigt.

Meine Sinne sind immer noch erfüllt von den Kostbarkeiten dieser unberührten und fantastischen Natur, während die „Nordnorge" wieder den Antarctic Sound nach Westen durchfährt. Die Tafeleisberge, die am Anfang des Tages dicht vor meinem Bullauge vorbeiglitten, erblicke ich jetzt nur noch schattenhaft am Horizont. Ich kann mit meinen Augen sehen, wie weit sie in etwa 11 Stunden gedriftet sind. Jetzt schaue ich auch auf das Schelfeis, das vor noch nicht langer Zeit durch Kalben diese Eisriesen ins Meer abgegeben hat. Dicht an dem mächtigen Schelfeis und diesen gedrifteten Tafeleisbergen ist die „Nordnorge" heute Morgen entlang gefahren. Ich denke: „Der Kapitän muss sehr viel Erfahrung mit dem Eis haben, denn es ist nach meiner Vorstellung nicht klar, ob nicht just in dem Augenblick, in dem das Schiff an der Eisbarriere vorbei fährt, nochmal so ein Kollos vom Schelfeis kalbt."
Was jedoch kennzeichnet Schelfeis, und wie entsteht es? Fragen, denen ich unbedingt nachgehen muss.

Tafeleisberg

Schelfeis

Schelfeis ist eine Besonderheit die es nur in der Antarktis gibt und den ganzen Kontinent umschließt. Die Gletscher fließen aus dem Inland abwärts, brechen nicht ab, sondern bilden zunächst eine Eisplatte. Dort, wo sich die Platten über Untiefen schieben, entwickeln sich unter dem Meeresspiegel in der Regel Faltungen und Hügel, die wie ein Anker verhindern, dass die nachrückenden Gletscher schneller und weiter ins Meer hinaus gedrückt werden. Gleichzeitig bewirkt dieser Anker eine Spannung im Eis, sodass die gesamte Struktur in beständiger Bewegung steht und eine glatte und ebene Fläche bildet. Von Schelfeis spricht man, wenn diese mit dem Festland verankerte, schwimmende Fläche mindestens zwei Meter über dem Meeresspiegel herausragt. Schelfeis ist normalerweise zwischen 200 und 1.000 Meter dick. Die größten Schelfeistafeln sind das **Filchner-Ronne-Schelfeis** im Weddellmeer mit 449.000 km², weiträumiger als Deutschland mit 357.092,90 km², und das **Ross-Schelfeis** mit 487.000 km².

Da das Schelfeis wie eine Tafel ist, brechen beim regelmäßigen **Kalben** diese Tafeleisberge aus der riesigen Masse. Sie können gigantische Ausmaße erreichen, ohne Hindernisse 10 km am Tag nach Norden driften, und bis zu 30 Jahre alt werden. Durchschnittlich werden sie aber 3 Jahre alt. Sowie sie in wärmere Gewässer gelangen, zerbrechen sie in kleinere Eisberge und schmelzen schließlich ab. Es ist nicht gelungen, diese einzigartigen Süßwasserspeicher wirtschaftlich nutzbar zu machen. Entweder sie zerbrachen gleich und schmolzen ins salzige Meerwasser, oder sie waren so massig, dass sie nicht aus dem Meer und in ein Transportschiff gehoben werden konnten.

Die **Drift** nimmt oft unvermutete Wege. Es kommt immer wieder mal vor, dass Eisberge in **subtropische Zonen** driften.
Einer ist schon vor der Küste Brasiliens bemerkt worden. 1956 wurde im südlichen Pazifik ein Tafeleisberg gesichtet, der am Anfang seiner Wanderung eine Größe von rund 31.000 km² (die Fläche von Nordrhein-Westfalen oder Brandenburg) hatte. 1986 ist sogar eine russische Forschungsstation auf einer ausgedehnten Eisfläche mit auf die Reise gegangen und ein Gigant hat auch mal die ganze Antarktis mit den Meeresströmungen im Uhrzeigersinn umrundet.

Nicht nur diese Eigenschaft der Eisberge ist für die **Schifffahrt** sehr gefährlich, sondern auch die Tatsache, dass an der Meeresoberfläche nur der kleinste Teil sichtbar ist. Da Eis nur etwas leichter ist als Wasser, schwimmt, je nach der Menge der Lufteinschlüsse, bis zu 90% des Berges **unter der Oberfläche**. Er kann bis zum Meeresgrund reichen, und sogar dort Leitungen von Telefonkabel, Öl und Gas zerstören. Deswegen ist für die ganze Welt ein **Kontrollsystem** für Eisberge, die mindestens eine Größe von 10 Seemeilen haben, aufgebaut worden, das mit Flugzeugen und Satelliten überwacht wird. Dabei werden die Gebiete in Quadrate eingeteilt. Die Eisberge bekommen so Namen und Buchstaben. Für die **Antarktis** gilt: A = 0°-90° westliche Länge (Bellingshausensee, Weddellmeer); B = 90°-180° westliche Länge (Amundsen See, östliches Rossmeer); C = 90°-180° östliche Länge (Westliches Rossmeer, Wilkesland); D = 0°-90° östliche Länge (Amery Schelfeis, östliches Weddellmeer).

Da es die Tafeleisberge und die daraus abgebrochenen Fragmente nur in der Antarktis gibt, muss es noch andere **Quellen** für Eisberge, als die des Schelfeises, geben. Eine Quelle ist der Gletscher, der direkt ins Meer läuft und dann kalbt. Dabei brechen einzelne Berge oder auch Berge aus Millionen von Bruchstücken aus ihren riesigen Flächen, die nach dem Abschmelzen eine Flut mit dem Ausmaß eines Tsunamis auslösen können. Eine andere Quelle von Eisbergen ist das Packeis.

Meereis

Packeis wächst nicht aus Schelfeis oder Gletschern, sondern aus Meereis. Die Ausdehnung und Mächtigkeit verändert sich mit den Jahreszeiten. Im Winter hat das Meereis ein Volumen von 20 Mio. km² und legt sich wie ein riesiger Eisgürtel um den gesamten Kontinent. Jedes Jahr im Sommer zerbricht dieser Gürtel in Eisberge und Millionen Eisschollen unterschiedlicher Größen, dem gefährlichen **Treibeis**. Zum Jahreswechsel sind die Küsten der Antarktis meistens wieder eisfrei. Dieses beispiellose Naturschauspiel wiederholt sich Jahr für Jahr, und die Fläche der Antarktis verdoppelt sich in diesem Zeitraum.

Wie entsteht nun dieser mächtige Gürtel aus **Meereis?** Im salzigen Wasser bilden sich zuerst einzelne Eisnadeln. Sie bestehen ausschließlich aus Wassermolekülen, deren Kristallgitter kein Salz einbauen kann. So bleiben die Salze in der flüssigen Phase zurück und sinken aufgrund ihrer größeren Dichte ab. Dadurch steigt der Salzgehalt des Wassers und der Gefrierpunkt erniedrigt sich auf -1,8°C. Ein kleiner Teil des Salzes verbleibt aber im Eis und bildet dort die sogenannten Laugenkanäle; ein Eldorado für Algen und Mikrokosmos spezifischer Art. Dieses Laugenkanalsystem ist der entscheidende Unterschied von Meereis zum Süßwassereis, dem Inlandeis. Durch die Bewegung des Meeres werden die Eisnadeln zu Brei zerstoßen. Es wachsen kleine Eisschollen, die gegeneinanderstoßen, wodurch sich um sie ein kleiner Kragen bildet. Diese Eisschollen nennt man **Pfannkucheneis**. Es wächst mit der Zeit weiter zu großen Eisschollen und schließlich zu Packeis, das sich meterhoch auftürmen kann. Dieser gigantische Eisgürtel wird durch kleine eisfreie Flächen, den **Polynias**, unterbrochen, die insgesamt 20% der Gürtelfläche ausmachen.

Die „Nordnorge" fährt weiter durch den Antarctic Sound nach Westen und erreicht wieder die Bransfieldstraße. Das paradiesische Eisland liegt lange hinter mir. Die Sonne strahlt immer noch vom Himmel und taucht das Meer in ein zauberhaftes Licht. Ich genieße auf „Außendeck fünf" die wärmende Sonne und ruhe meine müden Augen aus. Dabei döse ich versonnen vor mich hin. Es ist beruhigend, dass es dieses Kontrollsystem für Eisberge gibt, nur deshalb konnte mir heute dieses imposante und grandiose Naturerlebnis vorgeführt werden. Und wie erstaunlich ist es, das „Gefrorenes Wasser" derartige Naturwunder hervorrufen kann. Frau Kreiter weckt mich ganz aufgeregt aus meiner Versonnenheit. „Kommen sie schnell auf die andere Seite des Decks.

Dort können sie einen Eisberg sehen, dessen Schönheit alles übertrifft, was ich bisher hier gesehen habe." Mein Geist ist sofort hellwach und ich eile mit ihr auf die andere Seite.

Ganz nah erhebt sich majestätisch ein wahrhaft gigantischer Eisberg, der eine ähnliche Form wie das Matterhorn in der Schweiz hat, aus dem blauen Meer und versetzt mich in Entzücken. Dieser Berg ist eine Augenweide, strahlend weiß und malerisch schön. Schnell eile ich in die Kabine und hole meine Kamera. Ich schaffe es jedoch nicht mehr, dieses bildschöne Wunderwerk zu fotografieren. In der kurzen Zeit, in der ich zur Kabine lief, wurde dieser Berg und seine Umgebung in Meernebel – ein Abkühlnebel, der entsteht, indem warme Luftmassen über kalte Flächen gezogen werden und dort abkühlen - eingehüllt, und ich befinde mich bald mittendrin. Ich erkenne „mein Matterhorn" nur noch sehr schwach in den Nebelschwaden.

Wieder bin ich hingerissen von der allmächtigen Natur und lasse mich genüsslich in diesem Gefühl treiben.

Auch jetzt vertraue ich dem Kapitän der „Nordnorge". Er wird mich unbeschadet durch diesen gespenstischen Meernebel führen.

Kapitel 7
Die Drake-Passage

Abschied vom Naturparadies Antarktis

„Die Menschen zieht es aus verschiedenen Gründen zu den unentdeckten Plätzen der Welt. Einige werden einfach von der Abenteuerlust getrieben, andere haben einen unstillbaren Durst nach wissenschaftlichen Erkenntnissen und wieder andere werden durch verlockende Versprechungen flüsternder Stimmen, der geheimnisvollen Faszination des Ungewissen, von den ausgetretenen Pfaden weggezogen." (Sir Ernest Shackleton)

Der Kapitän hat die „Nordnorge" sicher durch das Eis und den Meernebel geführt und das Schiff erreicht wieder die Drake Passage, die wir jetzt zwei Tage durchqueren.
Es findet nun kein „Briefing" mehr statt und ich treffe ab und zu den Expeditionsleiter Herrn Hoffmann, der sich nun ganz entspannt und gesellig den Gästen widmet. Seine anstrengende Zeit, dem Kapitän mit seinem fundierten Wissen beiseite zu stehen, ist nun vorbei. Er erzählt mir: „Ich habe ein Jahr auf der Henryk Arctowski Station gearbeitet, und kenne hier das Eis, das Meer, den Wind und deren Tücken aus vielfältigen Erfahrungen." Somit habe ich zu meinem größten Vergnügen einen dieser „besessenen" Wissenschaftler kennenlernen dürfen.
Wenn ich in meiner Koje liege, spüre ich die Stabilisatoren, die den Seegang beeinflussen. Ein ganz merkwürdiges Gefühl: Es scheint, als werden die Wellen in ihrer Bewegung stark abgebremst und dann durchgeschnitten, wobei sich das Schiff kaum nach vorne bewegt und dabei eher wie mit einer angezogenen Handbremse fährt. Jedes Mal, wenn diese Stabilisatoren - es gibt davon vier, verteilt am Schiff

strecken sie sich seitlich aus dem Rumpf vier Meter ins Meer - die Wellen abbremsen, entsteht ein kurzer dumpfer Knall. Manchmal schlagen diese Wogen bis an „mein" Bullauge auf Deck drei, aber es beunruhigt mich nicht. Das Schiff liegt ruhig im Wasser.

Ich ruhe mich jetzt etwas von den spannenden und außerordentlich beeindruckenden Erlebnissen in der Antarktis aus, indem ich bis Kap Hoorn, gelegen auf einer Insel an der Spitze Südamerikas, an einem sonnigen, windstillen Plätzchen auf „meinem Außendeck fünf" die müden Augen schließe.

Ich habe wirklich Glück mit dem Wetter, denn die Sonne strahlt eine angenehme Wärme bei +10°C aus. Zwei Tage lang genieße ich in vollen Zügen die wohltuende, salzige Meeresbrise.

Das bildschöne „Matterhorn", das ich nur kurz in seiner ganzen Pracht gesehen habe, sollte mein letzter Eisberg sein, den ich auf dieser Reise wahrnehme. Die Drake Passage ist auf unserer Route eisfrei.

Es ist jedem Menschen zu wünschen, einmal ins „Ewige Eis" reisen zu können, aber dieser Kontinent liegt sehr isoliert im Verhältnis zu den anderen Orten dieser Erde. Somit ist ein **Massentourismus** nicht gegeben. Auch aufgrund des äußerst sensiblen Ökosystems, das zum Wohle der Menschheit unter allen Umständen erhalten werden muss, ist Massentourismus nicht zu verantworten. Dennoch: Für interessierte, naturliebende Menschen besteht ein sanfter, umweltbewusster Reiseverkehr, und die Antarktische Halbinsel stellt ohne Zweifel ein begehrenswertes Ziel dar. Aber schon die Anreise ist problematisch. Das Schweröl von Schiffen – laut der IAATO fahren sie allerdings seit geraumer Zeit mit Dieselgasöl - und das Kerosin von Flugzeugen stoßen Schadstoffe (CO_2) in die reine Luft. Auch die Menschen beeinflussen die Natur negativ, allein durch das Betreten des „schutzlosen" Bodens. Schon jetzt kommt es vor, dass manche Pinguinkolonien nicht mehr besucht werden dürfen, da dort das natürliche Leben der Pflanzen und Tiere bedroht ist, und sie sich erst wieder erholen müssen.

Der **Tourismus** hat in den letzten Jahren sprunghaft zugenommen. Waren es 1992 noch 6.000 Naturbegeisterte, so sind es in der letzten Saison 46.000 Reisende gewesen, die diesen Kontinent besuchten. Immer häufiger brechen nicht nur Expeditionsschiffe, sondern normale Kreuzfahrtschiffe dorthin auf. Mit großen Risiken, zumal viele keine Eistauglichkeit besitzen. Dass eine Reise ins Eis gefährlich sein kann, zeigt nicht nur der Untergang der „Titanic" 1912, sondern auch der Untergang des Schiffes „Explorer" in 2007, das 1.000 km südlich von Kap Hoorn dieses Schicksal ereilte. Es kollidierte ebenfalls mit einem Eisberg. Alle Passagiere wurden zwar rechtzeitig gerettet, aber Havarien sind hier extrem gefährlich, da das Wasser und die Luft sehr kalt sind. Auch Retter sind meistens fern.

Eisberg im Weddellmeer

Regeln einzuhalten, unterliegt einer **Selbstverpflichtung** und ist somit ohne Kontrollen kaum zu verwirklichen. Alle Veranstalter, die deutsche Passagiere an Bord haben, müssen ihre Antarktisreisen anmelden und genehmigen lassen. Ich musste ein Gesundheitsattest einreichen, und es wurde mir klar gemacht, dass ich eventuell für diese Reise abgelehnt werden könnte. Es ist eine **wichtige präventive Maßnahme**, die Menschen auf die besonderen Verhaltensregeln zum Schutz des sensiblen Ökosystems ausführlich vorzubereiten und eindringlich aufzufordern, diese auch diszipliniert einzuhalten.

Alle **Tätigkeiten** in der Antarktis sind durch den „**Antarkisvertrag**" von 1959 und spätere Zusatzabkommen geregelt. 1991 fügte man das „**Madrider Umweltschutzprotokoll**" hinzu, in dem die Antarktis als Naturreservat ausgewiesen wurde. Die Grundsätze und Verpflichtungen zum Schutz dieses Reservats legte man dort ebenfalls fest. Sie sind auch ein Leitfaden für alle Besucher der Antarktis.

A. Schützen Sie die antarktischen wildlebenden Arten

1. Füttern und berühren Sie keine Vögel oder Robben. Das Herangehen an diese oder ihr fotografieren in einer Weise, die zur Änderung ihres Verhaltens veranlasst, ist untersagt.

1a. Besondere Vorsicht ist bei brütenden Tieren oder Tieren in der Mauser geboten.

1b. Halten Sie deswegen zu Pinguinen, nistenden Vögeln und Robben 5 Meter Abstand, zu Pelzrobben und Seelöwen 15 Meter Abstand.

1c. Überschreiten Sie nie die Grenzen einer Pinguinkolonie, oder Robbenansammlung, und schneiden Sie niemals die Fluchtwege zum Meer ab.

2. Schädigen Sie keine Pflanzen, z.B. durch Niedertreten, durch Fahren oder Laden auf den ausgedehnten Moospolstern oder dem mit Flechten überzogenen, felsigen Untergrund.

3. Nehmen Sie keine Lebensmittel mit an Land.

4. Das Einbringen von nicht heimischen Pflanzen oder Tieren in die Antarktis z.B. Haushunde und Katzen, lebendes Geflügel und Kulturpflanzen, ist untersagt.

B. Respektieren Sie geschützte Gebiete

Viele Gebiete in der Antarktis unterliegen aufgrund besonderer ökologischer, historischer, wissenschaftlicher oder anderer Werte einem besonderen Schutz.

1. Das Betreten dieser Gebiete kann verboten sein, wenn nicht eine Sondergenehmigung durch eine zuständige Behörde ausgestellt wird.

2. Die Gebiete und die Tätigkeiten, die in ihnen durchgeführt werden können, müssen bekannt sein.

3. Beachten Sie die geltenden Einschränkungen.

4. Beschädigen, entfernen und zerstören Sie keine historischen Stätten, Denkmäler und mit ihnen verbundene Artefakte.

C. Respektieren Sie die wissenschaftliche Forschung

1. Forschungsstationen und historische Stätten dürfen nur nach vorher erteilter Genehmigung - sie ist 24-72 Stunden vor dem Eintreffen zu bestätigen - und in offizieller Begleitung betreten werden.

2. Verändern und entfernen Sie keine wissenschaftlichen Geräte oder Markierposten, und bringen Sie wissenschaftliche Studien, Feldlager oder Vorräte nicht durcheinander.

D. Verhalten Sie sich sicherheitsbewusst

Wenn Sie in die Antarktis fahren, müssen Sie auf raues und wechselhaftes Wetter vorbereitet sein. Ausrüstung und Kleidung muss den antarktischen Verhältnissen angepasst sein. Halten Sie sich vor Augen: Die antarktische Umwelt ist unwirtlich, unberechenbar und potentiell gefährlich.

1. Schätzen Sie Ihre Fähigkeiten und die in dieser Umwelt gegebenen Gefahren richtig ein, und verhalten Sie sich dementsprechend.

2. Beachten und befolgen Sie die Ratschläge der Führer und verlassen Sie nicht die Gruppe.

3. Gehen Sie nicht auf Gletscher oder Schneefelder ohne angemessene Ausrüstung.

4. Rechnen Sie nicht mit Rettungsdiensten; vernünftige Planung, hochwertige Ausrüstung und geschultes Personal sind unerlässlich.

5. Betreten Sie Schutzhütten nur im Notfall. Wenn Sie dann Ausrüstung oder Nahrung verwenden, müssen Sie sofort die nächstliegende Forschungsstation oder staatliche Stelle benachrichtigen.

6. Respektieren Sie ein Rauchverbot, vor allem um die Gebäude herum. Beugen Sie mit großer Sorgfalt der Gefahr von Feuer vor. In der trockenen Umwelt der Antarktis stellt Feuer eine große Gefährdung dar.

E. Erhalten Sie die Unberührtheit der Natur

Die Antarktis ist relativ unberührt und wurde vom Menschen bisher nur in kleinem Rahmen in Besitz genommen. Sie ist immer noch die größte Wildnis unserer Erde.

1. Nehmen Sie alle Abfälle wieder mit, auch Zigarettenstummel, Papiertaschentücher u.a. Offenes Feuer ist untersagt.

2. Nehmen Sie keine biologischen oder geologischen Proben sowie künstliche Artefakte als Andenken mit,

einschließlich Steine, Muscheln, Eier, Fossilien und Knochen.

3. Malen oder ritzen Sie keine Namen oder Graffiti auf Steine oder Gebäude.

4. Verunstalten oder zerstören Sie keine Gebäude und Schutzhütten, egal ob bewohnt, unbewohnt oder verlassen.

Anhand der strengen Regeln und seinem Wissen über die Antarktis wird jedem schnell klar, dass es sinnvoll ist, diese Reise umsichtig vorzubereiten. In mentaler und praktischer Bedeutung.

Kreuzfahrtschiffe bieten eine geeignete und bequeme Möglichkeit, als Tourist die Antarktische Halbinsel zu erkunden. Während einer Kreuzfahrt an der schmalen Küstenregion und den vorgelagerten Inseln, können sie wahrnehmen, wie sich die Natur aus Wasser, Eis, Felsen und vielfältigem Leben in dieser menschenfeindlichen Gegend eindrucksvoll darstellt.

Die **Auswahl** der Schiffe ist beträchtlich. Wenn man darauf achtet, dass das Schiff so gestaltet ist, dass es nicht mehr als 200 Passagiere mitnimmt, ist der Genuss von vielen Anlandungen gegeben; es dürfen nur höchstens 100 Menschen gleichzeitig an derselben Stelle sein und sie müssen alle den Platz nach vier Stunden wieder verlassen haben. Für Schiffe mit mehr als 500 Passagieren ist eine Anlandung generell verboten.

Die **Eisklasse** der Schiffe ist ebenfalls zu beachten. Es geht um die Sicherheit für die Fahrt durch das Südpolarmeer. Je höher diese Klasse ist, umso sicherer kann das Schiff schwere oder gar extreme Eisverhältnisse meistern.

Interessant ist sicherlich auch, mit **internationalem Publikum** zu reisen. Ich habe so ein Schiff gewählt. Aber ich habe auch darauf geachtet, dass meine Landessprache gesprochen wird. Ebenso habe ich bei meiner Wahl darauf geachtet, dass ein Bordleben meinem Wesen entsprechend stattfindet.

Für Passagiere, die leicht unter **Seekrankheit** leiden, empfiehlt es sich, gerade in diesem rauen Seegebiet, ein Schiff mit Stabilisatoren zu wählen.

Zum **Wohlbefinden** gehören die richtigen persönlichen **Utensilien** ins Gepäck. Jeder **erfahrene Reisende** hat eine persönliche Grundausstattung, die überall mitgenommen wird. Für die Antarktis sollte sie um eine Sonnenbrille mit UV Filter, Sonnencreme mit mindestens Lichtschutzfaktor 16, ein Aftersun-Gel, eine Mütze mit Ohrenschutz und Handschuhe erweitert werden. Wenn man, so wie ich es getan habe, immer draußen sitzen will, ist **Kleidung** aus modernen Stoffen – wind-, wärme- und wasserdicht – und für das System einer Zwiebel ausgewählt, eine tolle Sache; ich habe nicht gefroren, obwohl ich fast immer draußen saß. Nach meiner Erfahrung dürfen auch gute, feste Schuhe, ein Sitzkissen für die Stühle an Deck, ein Fernglas, und ein Badeanzug nicht fehlen. **Ganz wichtig ist**: Die Medikamente, die täglich eingenommen werden müssen, sollten in übermäßiger Menge vorhanden sein. Es gibt **keine** Möglichkeit, irgendwelche zu kaufen, und die vorhandene medizinische Abteilung kann unmöglich alle Medikamente vorrätig haben. Gegen **Seekrankheit** sind Medikamente oder ein Pflaster, das hinter das Ohr geklebt werden kann, sehr sinnvoll.

Auf „meinem" Schiff werden für den **Landgang** Gummistiefel, Rettungswesten und rote Anoraks zur Verfügung gestellt. Auf vielen ist das nicht der Fall. Diese Dinge sind für einen Landgang jedoch unerlässlich.

Touristen, die in die Antarktis reisen, haben meistens schon große Erfahrungen gesammelt, und auf die Ausrüstung ihrer **Film- und Fotoapparate** achten sie immer ganz besonders. Sie wissen, dass diese Geräte wind- und wasserdicht verpackt werden sollen.

*Auf eine **Begebenheit** möchte ich noch besonders eingehen. Sie hat mir vor der Reise große Kopfschmerzen bereitet: Die Fahrt mit dem „**Zodiac**". Zu Unrecht. Wenn man sich an Regeln hält und sich helfen lässt, kann kaum etwas passieren. Die Crew nimmt ihre Verantwortung sehr ernst, und hilft auch einer Gehbehinderten, wie mir, großartig.*

Grundsätzlich gilt:
1. Vor jedem Landgang zur Toilette gehen.
2. Sich mit seiner Bordkarte „von Bord" melden.
3. Wetterfeste Kleidung, Rettungswesten und Gummistiefel anziehen.
4. Durch die Desinfektionswanne laufen.
5. Beim Einstieg ins „Zodiac" beide Hände frei haben, und vor dem festen „Seemannsgriff" keine Angst haben.
6. Während der Fahrt nicht aufstehen. Bei bewegter See die Schuhe zwischen Boden und Gummiwulst klemmen.
7. Wenn die Schiffssirene ertönt, sofort zum „Zodiac" an die Landestelle gehen. Die Anlandung wird vermutlich unterbrochen weil schlechtes Wetter aufzieht.
8. Nach der Rückfahrt wieder durch die Desinfektionswanne laufen. Gummistiefel und Weste aufräumen.
9. Mit der Bordkarte „Ich bin zurück" zurückmelden.

Diese Regeln hat man schnell verinnerlicht und die Vorbehalte gegen dieses „Ungetüm" sind bald vergessen.

Die „Nordnorge" durchquert gefahrlos die Drake-Passage und der Himmel hat sich bewölkt. Ich sehe nun in der Ferne das Kap Hoorn und den Kiosk, der dort oben liegt und über eine Treppe vom Ufer aus erobert werden kann; wenn die See ruhig ist. Heute aber ist sie es nicht, und der Landgang muss abgesagt werden.

Sturm ist hier häufig anzutreffen. Diese „Nahtstelle" zwischen dem Atlantik und Pazifik ist außerordentlich gefährlich für die Schifffahrt und hier liegt auch der größte Schiffswrackfriedhof.

Das Kap Hoorn zeigt nicht den so markanten Felsen eines Nordkaps oder des Kaps der Guten Hoffnung, sondern ist eine steile Anhöhe auf dem südlichsten Eiland eines riesigen Inselgebietes, das an der Küste Chiles entlang bis nach Puerto Montt reicht.

Durch die Wasserstraßen an diesen Inseln fährt nun das Schiff weiter nach Norden, und erreicht wieder den Beaglekanal. Von weitem kann ich schon Ushuaia sehen, den Ausgangspunkt dieser Reise in die Antarktis.

Das Abenteuer „Ewiges Eis" ist nun beendet.

In den vergangenen Tagen empfand ich ein belebendes und aufregendes Glücksgefühl für meine Sinne. Meine Augen nahmen die Vollkommenheit und Vielfalt des Eises, Meeres und Lichtes in sich auf, und ergötzten sich an der Schönheit der Schneelandschaften. Meine Ohren labten sich an der Ruhe in der Einsamkeit und den natürlichen Geräuschen des Meeres und Windes. Meine Nase roch das salzige Wasser des Meeres, und der Wind vertrieb sehr schnell sorgenvolle Gedanken.

Ich erlebe eine mir unbekannte innere Ruhe, und ich fühle mich frei und unbeschwert.

Bald werde ich wieder in der lauten und hektischen Wirklichkeit meiner Heimat sein. Ich ahne im Augenblick in keiner Weise, mit welcher Intensität die Erfahrungen mit dieser unverfälschten und kompromisslosen Natur mein Leben beeinflussen werden und das Bewusstsein für das Wesentliche in meinem Leben stärken wird.

Ich habe in diesem Naturparadies Antarktis meine Seele erneut gefunden.

Karte: www.cartomedia-karlsruhe.de

Chile pur

6 Wochen reisen der Autor und seine Freundin mit Zelt und Rucksack durch Chile. Das Buch begleitet die beiden durch mückenverseuchten Regenwald, über schneebedeckte Vulkane und an stürmische Küsten.

Thomas Wiedmann berichtet von den großen Abenteuern und den kleinen Gegebenheiten, die die beiden tagtäglich erleben. Mit Begeisterung, Humor und Durchhaltevermögen meistern sie ihre Route von Nord nach Süd.

Erhältlich im Buchhandel und bei www.traveldiary.de.

Südamerikanische Reise

Von karibischen Stränden zu den Wassern des Orinoco und Amazonas, zu rauchenden Andengipfeln und den Gletschern Patagoniens bis ans „Ende der Welt" auf Feuerland.

Mit dem Frachtschiff macht Roger Kunert sich von Deutschland aus auf den Weg nach Venezuela, bereist monatelang den südamerikanischen Kontinent, bis er in Brasilien wieder an Bord eines Frachters geht…

Erhältlich im Buchhandel und bei www.traveldiary.de.